Michael Klapp

Aus dem befreiten Venedig

Tagebuch aus der Zeit der Königsfeste

Michael Klapp

Aus dem befreiten Venedig
Tagebuch aus der Zeit der Königsfeste

ISBN/EAN: 9783743437210

Hergestellt in Europa, USA, Kanada, Australien, Japan

Cover: Foto ©ninafisch / pixelio.de

Weitere Bücher finden Sie auf **www.hansebooks.com**

Aus dem befreiten Venedig.

Tagebuch aus der Zeit der Königsfeste
von
Michael Klapp.

Berlin, 1867.
Verlag von Gustav Behrend.

Inhalt.

		Seite
I.	Die Reise mit der eisernen Krone	5
II.	Venedigs neue Physiognomie	17
III.	Am Tage des Einzugs	26
IV.	Die Märchen der Straßen Venedigs	39
V.	La Fenice	48
VI.	Zur Charakteristik Victor Emanuel's. Anekdoten und Geschichten	60
VII.	La Mascherata	71
VIII.	Regatta. Die Gondoliere von Venedig	82
IX.	Der Feuerzauber von San Marco	90
X.	Eine Serenade auf dem Canal grande (fresco di notte)	96
XI.	Ein Ball bei der Gräfin Papodopoli-Aldobrandini	103
XII.	Benetianisches Volk	112

I.

Die Reise mit der eisernen Krone.

(Nach dem Wiener Frieden. — Privatfatalitäten. — Eine überraschend gekommene Grenze. — Zwei interessante Passagiere. — General Menabrea. — Die eiserne Krone. — Wie sie ausschaut. — Im Wartesaal von Nabresina. — Deutsche Auswanderer aus Benetien. — Ein unzufriedener Schneider. — Eine Unabhängigkeits-Hose. — Cormons. — Die Betturini von Udine. — Ueber die neue Grenze. — Si. — Ein lebendiges No. — Italienische Amme und österreichischer Capitano. Mönch und Carabinieri. — Wien und Campoformio.)

Es war kurz nach dem jüngsten Wiener Frieden. Ich war fertig zu einer Reise nach Venedig, da fällt mir hart vor Kofferschluß ein: Venedig ist nicht mehr österreichisch, also brauchst du einen Paß. Und ich mußte mich um einen Paß bewerben. Dann telegraphirte ich um ein Zimmer und erlegte die landesübliche inländische Taxe auf den Tisch des Telegraphisten. „Pardon, die vierfache Gebühr, Venedig ist im Ausland!" sagte der Beamte, und dabei machte er nicht einmal ein melancholisches Gesicht, dieser Beamte war im Gegentheil so trocken und gleichgiltig, als wäre er schon früher für das Abtreten Venetiens gewesen. Warum war der Mann nicht Minister des Aeußern! "Ach, Venedig ist nicht mehr unser," sagte ich hierauf und erlegte die — vierfache Gebühr. Und deshalb Custozza und Lissa? dachte ich mir im ersten Unmuth über die ungebührliche Gebühr, als ich die Treppe hinabstieg. Bald freilich leuchtete es mir ein, daß die Befreiung der Venetianer auch die 2 fl. 10 kr. von meiner Seite werth wäre, und ich reiste versöhnten Beutels mit dem Eilzuge ab. Merkwürdiger und zufälliger Weise führte derselbe Eilzug einen höchst interessanten Passagier, dessen Bedeutung mit meinen Gedanken und kleinen Beschwerden ziemlich eng zusammenhing — General Menabrea, der italienische Friedensunterhändler fuhr mit uns. Er hatte sein wochenlanges Geschäft, Oesterreich um eine Provinz zu bringen, soeben in Wien glücklich beendet und konnte gut verrichteter Dinge nun nach Italien zurückkehren. Brachte er doch auch nebst dem ratifizirten Wiener Vertrag noch etwas anderes mit, wonach sich Italien so lange schon sehnte, — die eiserne Krone. Sie war seine und unser aller, die wir mit diesem Zuge fuhren, Reisegenossin, die alte eiserne Longobardenkrone, die seiner Zeit der Herzog von Turin, Agilulf, zum ersten Male auf dem Haupte hatte, als er die Longobarden-Königin-Wittwe Theodolinde heimführte. Eine interessantere Reisebekanntschaft konnte mir gar nicht beschieden sein, als die eiserne Krone. Sie war schon im Jahre 1859 der Zankapfel der beiden kriegführenden und friedenschließenden Mächte gewesen. Da Oesterreich Mailand und die Lombardei verloren hatte, erwartete man von ihm, daß es nun auch die alte Longobardenkrone, welche an 1300 Jahre in dem von der Longobarden=Königin Theodolinde erbauten St. Giovanni=Dom zu Monza untergebracht war, — die 20 Jahre abgerechnet, welche die eiserne Krone in Paris zubrachte, wohin sie in den französischen Kriegen gelangt war — zurückgebe. Man wollte sich aber in Wien von dem alten Königsschmucke nicht trennen, und die Italiener wieder konnten warten, fehlte ihnen ja ohnedies außer der eisernen Krone auch noch Venetien. Nun aber, da auch das Letzte gethan, kehrt auch die eiserne Krone wieder in ihre Heimat zurück und wird in Monza ihre alte Residenz wieder beziehen. Es haben sie von der Zeit ihrer Entstehung bis heute verschiedene Könige und Kaiser auf dem Haupte gehabt, auch Napoleon I., der sie sich selbst im Dom zu Mailand aufgesetzt und dabei pathetisch ausgerufen hatte: „Dieu me l'a donnée, garde a qui y touchera!" Ein stolzes Wort, das der letzte fremde König der Lombardei freilich nicht gesagt haben wird. Wie die eiserne Krone aussieht? Von Angesicht zu Angesicht meine interessante Reisenachbarin zu sehen, gelang mir freilich nicht, aber ihr Hüter schilderte mir sie. Trotz ihres Namens ist die Krone mehr aus schwerem Golde, als aus Eisen. Es ist ein etwas plump und breit gerathenes Diadem, nach außen reichlich mit dem edelsten Gestein, Smaragden, Rubinen und Diamanten geziert und Rosetten= und Blumen=Email in seinen verschiedenen Feldern tragend. Innerhalb dieses Diadems aber zieht sich längs des Goldreifes ein Eisenreif, der im sagenhaften Rufe steht, aus den Nägeln, mit denen die Kreuzigung des Heilands vollbracht wurde, gearbeitet worden zu sein. — In Nabresina, wo wir nach fünfzehnstündiger Fahrt ankamen, verließen uns die interessanten

historischen Passagiere, General Menabrea und die eiserne
Krone, um den Zug nach Triest zu benützen. Ich aber
erfuhr nun in Nabresina an mir die weiteren Folgen des
Wiener Friedens. Naiver Eisenbahncourier, der du die
Ankunft in Venedig den Wiener Reisenden nach einer Fahrt
von 33 Stunden verkündest! Du weißt wohl gar von den
gestörten Eisenbahnverbindungen zwischen Oesterreich und
Italien, die trotz des wiederhergestellten „ewigen Friedens"
noch nicht wiederhergestellt sind, nichts? In Nabresina nahm
man mir den Wahn, in einigen Stunden schon in Venedig
zu sein. „Wir fahren bloß bis Cormons," sagte mir der
Conducteur, „dort müssen Sie Diligence nehmen nach Udine,
und erst von Udine aus können Sie wieder mit der Eisenbahn
weiter." Das sind schöne Segnungen! Den Schnellzug nach
Venedig benützen, um von Cormons bis Udine mit der
Diligence fahren zu müssen; das ist recht erfreulich. Ja,
die italienische Regierung war aber mit ihren Grenz=
vorbereitungen noch nicht zu Ende, sie hatte noch keine Zoll=
wächter, kein Visitations=Gebäude, und erst am 2. sollte die
Strecke nach Udine wieder freigegeben werden. Die neue
Grenze hatte die italienische Regierung wohl sehr überrascht?
Ja, ich glaube es. Nach dem Tag von Custozza und dem
von Lissa ist Cormons als Grenze zwischen Oesterreich und
Italien in der That keine kleine Ueberraschung für die
italienische Großmacht gewesen und vor lauter Ueberraschung
kam man nicht dazu, die Eisenbahnverbindung zwischen
Wien und Venedig so direkt wie früher an der Grenze
wieder flott zu machen. Aber ich konnte davon so schlecht
als nur möglich denken, weiter ging's deshalb noch immer
nicht. Ich fragte bei meinem geheimen Concil an: Soll

ich mich in finsterer Nacht einem Vetturin auf der drei Stunden langen Strecke von Cormons nach Udine anvertrauen? Und wer weiß, sind gar genug da, um uns Alle, die wir nach Venedig wollen, nach Udine zu schleppen? Das Ergebniß der Berathung war: In Nabresina übernachten und die Tour jedenfalls am Tage machen. Zu solchen Resultaten gelangten auch die meisten anderen Reisenden; nur einige nahmen sich vor, in Görz zu übernachten. Für mein Verbleiben in Nabresina sprach auch der Umstand, daß ich mir am Tage die neue Grenze, die General Menabrea im September in Wien berathen, oder sagen wir besser diktirt und Schwarz auf Weiß mit nach Florenz genommen, besichtigen wollte. Und ich blieb. In der Restauration des Bahnhofes von Nabresina war es indeß lebendig geworden, und ich fing noch manches interessante Bildchen dieses Lebens in mein Notizbuch ein. Und es war interessant, dem Treiben zuzusehen. Ein ganzes Babel von Nationalitäten that sich dem Auge auf, so recht eine Musterkarte des österreichischen babylonischen Völkerthurms, dem jetzt Baustein auf Baustein ausfällt. Die Nationen wollen einander nicht mehr verstehen, und die Regierung will die Nationen nicht verstehen. Da saßen Oesterreicher, Steyrer, Tiroler, Croaten, Armenier, Dalmatiner, Serben, Böhmen, Istrianer; die einen eilten dem kranken Herzen des Reiches zu, die anderen kamen von dort, andere waren auf dem Wege nach den Ländern der ungarischen Krone, die da gingen in eine verlorene Provinz und die da kamen aus einer, die vielleicht auch schon halb verloren ist. Da saß eine wohlgenährte, robuste Frau und fütterte nicht weniger als fünf Kinder zu Nacht. Sie war so ganz ohne Hilfe, daß

sie mich erbarmte, und ich ihr die Kleinen rasch abfüttern
half. Wünschen sich die Leser nur nicht zu sehen, wie ich
die Kaffeebrocken bei dem Jüngsten der Frau zur Eile an=
trieb, auf daß sie noch Alle vor dem dritten Läuten glück=
lich an den Ort ihrer Bestimmung kämen! Die Eile, welche
die vielgeplagte Frau hatte, hielt sie aber nicht ab, mir in
Kürze (was sie so „in Kürze" hieß!) zu erzählen, woher
sie komme, wohin sie gehe. Die Arme! Der Verlust Vene=
tiens hat sie mit ihren fünf Kleinen von dem Lande, das
ihre zweite Heimat war, hinweggetrieben. „Nun die Deut=
schen hinaus sind," sagte sie mit einer Thräne im Auge,
„mag ich nichts mehr von Venedig wissen, es hat mich
nicht mehr dort gelassen, und ich gehe wieder in meine Hei=
math zurück. Dort spar' ich und spar' ich so lange, bis
ich Geld genug hab' meinen Adolph aus'm Grab nehmen
zu lassen und ihn zu uns überzuführen; denn er hat immer
zu mir gesagt: Judith; wenn die Deutschen einmal aus
Venedig fort sind, und ich bin todt, geh' fort von Venedig
und nimm mich mit. Und ich werd' ihn auch mitnehmen,
sobald mir Gott ein übriges Geld giebt!" Arme Frau! Du
verlässest, Thränen im Auge, Deine zweite Heimat, Du weinst
und — Venetien lacht! Die Weltgeschichte kann eben nicht
nach Einzelnen fragen auf ihrem großen Nationenbefreiungs=
zuge. — Draußen läutete es zum dritten Male, Frau und
Kinder waren in den Waggon gepackt, und der Triester Zug
flog mit ihnen weiter dem schönen Wien zu.

Mich hatte das Auswandererbild trüb gestimmt, und ich
wollte bald wieder heiter werden. Der nächste Moment bot
dazu schon wieder Anlaß. Mein Nachbar am anderen Tische
der Restauration war auch ein Auswanderer, ein Czeche,

der nach Italien geht, um sein Glück zu machen. Er hat mir haarklein auseinandergesetzt, daß wir Alle in Oesterreich mit Sack und Pack zu Grunde gehen müssen. Das war beim ersten Glas Rothwein, beim zweiten war bereits Alles vorbei, vom ganzen Kaiserstaat war nichts mehr übrig. Da er dies Alles nicht mit ansehen wollte, sagte er, so ginge er nach Florenz mit dem Reste des Geldes, das er, in einem Terno zu Prag gewonnen, vor der Sündfluth noch bewahren wollte. Als er mich in seinen Florentiner Plan einweihte, glaubte ich, der Mann, der immer von seiner „Kunst" sprach, sei zum Mindesten ein Caméenschneider, der seine edle Kunst in dem reizenden, kunstsinnigen Florenz verwerthen wolle. Nach längerem Hin- und Herreden fing mir die „Kunst" des Mannes denn doch an, etwas verdächtig zu werden, und als ich ihn endlich nach seiner Kunst fragte, meinen Sie, er sagte mir sie laut vor den übrigen Leuten am Tische? Bewahre! Er machte mich zum Vertrauten seiner Kunst, er raunte mir in's Ohr, er sei zwar kein Caméenschneider, aber etwas dergleichen — ein Schneider. Und dabei bat er mich recht angelegentlich, es nicht weiter zu sagen, daß er ein — Schneider sei, denn es war gerade die Zeit des Pustischen Attentats mit der ungeladenen Pistole. Jetzt treibt es uns schon sogar unsere böhmischen Schneider von daheim weg! Ich fragte den Mann, ob er auch jetzt nicht im Lande bleiben wolle, jetzt, wo der emeritirte sächsische Minister, Freiherr von Beust, die Oesterreicher zu beglücken in's Land kommt. „Wird er auch mit Kraut fett machen!" sagte das unzufriedene Schneiderlein mit seinem lieblichen Accente. Er will eben nichts mehr von uns wissen! So weit ist es gekommen, daß man sogar die Schneider schon rabiat gemacht, und diese sogar schon an Oesterreichs Zukunft verzweifeln. Warum will auch Kaiser Franz Josef noch immer keine Civilkleider anlegen? Das war mit ein Grund der schlechten Gesinnung des Schneiders aus Prag. Er ist für uns verloren! Wenn der Scheere des Mannes nur in Florenz wirklich ein neues Glück erblüht! Wenn er nur mehr Glück mit seinen Schnitten haben wird, als er mit der italienischen Sprache hat. Der Mann hat mich des andern Tages noch auf der Strecke von Görz nach Udine höchlichst amüsirt mit seinen ersten Versuchen im Italienischen. So wußte er z. B. lange nicht recht, wie er den „Conducteur" in's Italienische rasch übersetzen sollte. Einmal rief er „Condottiare!" (welche Beleidigung) ein zweites Mal versuchte er es in seinem schöpferischen Uebersetzungsdrange mit „Conditor," kurz, er war ergötzlich.

Aber Respekt vor dem Manne! Er trägt die deutsch=böhmische Cultur in Gestalt einer neuen Hose nach dem Süden, ja er sagte mir schon, wie er sie heißen wolle, die neue Hose: „die Unabhängigkeitshose" „l'independenza!" Florentiner, freut euch! dachte ich mir und empfahl mich bei meinem köstlichen Schneider, mein Zimmer aufsuchend. Ich schlief vortrefflich, wenn auch anfangs die neue Grenze, die Auswanderer=Familie und der Schneider sich mir im Traume zu einem und demselben Bilde verwebten, das mir seine Possen vormachte und es mit dem Schlafe nicht Ernst werden ließ. Die Scheere, die mit Oesterreichs Lage unzufrieden war und nach Florenz geht, ich glaube, ich lachte noch im Schlafe darüber auf. Um 8 Uhr Morgens ging es weiter bis Cormons. Gegen 10 Uhr waren wir da=

selbst angelangt. Für die Eisenbahnreisenden wird dieses Nest nun fernerhin die Grenze abgeben, hier werden die Paß- und Gepäckplackereien stattfinden, die bisher in Desenzano stattgefunden haben. Für uns begann in Cormons eine andere Plackerei. Hinter dem kleinen Bahnhofsgebäude standen die Vetturini mit ihren elenden Karren, die alten Klepper mittelst Stricke angespannt, und pochten auf ihren Preis. Ein italienischer Vetturin, ob er nun in der römischen Campagna oder im Friaul haust, wird sich doch das Bischen Gelegenheit, Reisende, die in der Zeit der Eisenbahn seiner bedürfen, zu pressen, nicht nehmen lassen? Und die da noch kurze Zeit nur zwischen Cormons und Udine ihr Spiel treiben können, werden doch diese Zeit gewiß gut anzuwenden suchen? Ein heilloser Spektakel war das Ergebniß der Unterhandlungen hinter dem Stationshause, die Vetturini fluchten, daß man ihnen nicht so viel Silbergeld, als nur möglich, zukommen lassen wollte; der Geist der alten, schönen, eisenbahnlosen Zeit in Italien kam über sie und beflügelte nur ihre Forderungen noch. Die Reisenden, namentlich die Italiener unter ihnen, fluchten nicht minder über die Unverschämtheit der Vetturini; die Facchini der Eisenbahn legten sich endlich, aber natürlich auch nicht im Piano, in's Mittel, und nach einem beinahe einstündigen Kampfe war auch da ewiger — Friede. Ich meinestheils und mein Nachbar in dem Wägelchen — ein Triester Advokat — wir bezahlten den Frieden mit 3 fl. in Silber, um nur rasch fortzukommen. Als Zugabe mußten wir noch eine junge Bäuerin mitnehmen, die auch nach Udine wollte. Wir waren die letzten fast, welche die unsäglich staubige Heerstraße von Cormons dahinrollten. Bald hatten wir das neue Grenznest hinter uns, und auch das letzte nun noch österreichische Dörflein, Brassano mit Namen, war bereits vorbei.

Nun kamen wir über ein Brücklein, das über ein kleines, seichtes, schmutziges Wasser geschlagen war, — hier war die neueste auf dem Ballplatz in Wien zu Stande gebrachte Grenze. Was wir nicht für neue italienisch-österreichische Grenzen schon erlebt haben! Bis 1859 war sie Novara, dann kam Peschiera=Desenzano und jetzt sind wir bis auf Cormons — heruntergekommen. Wer weiß, kommen wir einst nicht auch noch bis auf Nabresina herunter, trotz des „ewigen Friedens!" Für die nächste Zeit ist da dieses schmutzige kleine Wasser, der Jutri, das Grenzbächlein. Einmal jenseits des Brückleins, waren wir schon auf neu=italienischem Boden. Hier begrüßte unser Auge lange kein neuer Unterthan des Königs von Italien; der erste Mensch, dessen wir endlich ansichtig wurden, war ein neu=italienischer Finanzwachmann, dem die Grenzunfertigkeiten gestatteten, mit den Händen in den Hosen, unserer Einfahrt in's Königreich Italien zuzusehen, ohne uns erst zu fragen, was wir uns einzuführen erlaubten. Nun kamen wir in die ersten Dörfer des neuen Italiens. Haus für Haus waren jene großen und kleinen „Si" angeklebt, die bei dem eben beendeten Plebiszit der Provinz Venetien mitgezählt wurden. Manchmal fanden wir auch drei „Si" auf einmal an einem Hause, als wollte dieses Haus mit allem Nachdrucke sein „Ja" sagen. Auch das bekannte „Vogliamo" fanden wir zum öfteren angeschrieben. Ein „No" war nirgends zu sehen, so weit wir auch des Weges kamen. Dafür hatten wir in unserem Wägelchen ein lebendiges

„No," was ich zu meiner nicht geringen Ueberraschung bald erfahren sollte. Mein Nachbar der Triestiner Advokat, hatte nämlich, als wir vor den vielen „Si," vorüberfuhren, die junge Bäuerin gefragt, wie denn ihre Stimme gelautet habe. Und er that diese Frage gewiß außer allem Zweifel, daß die junge Bäuerin hinter ihren Landsleuten nicht zurückgestanden sein werde. Sie aber antwortete: „Signor! Ich hab' nichts zu sagen gehabt, aber meinem Manne hab' ich gesagt, er müsse mit „No" stimmen, sonst ist's vorbei mit uns zwei, und er hat auch „No" gesagt." — Wir trauten Beide unseren Ohren nicht. Eine österreichisch gesinnte Italienerin! Welch' ein blaues Wunder! Aber es war so in Wirklichkeit. Die junge Bäuerin hatte es obendrein noch so feierlich gestanden, als wollte sie ernstlich demonstriren gegen die neue Regierung. Aber viel darf sich die österreichische Regierung auf dieses eine „No" nicht einbilden, denn es war mehr Ausfluß einer Gemüthsstimmung, als einer politischen Gesinnung, das erfuhren wir erst, als uns die Bäuerin sagte, daß sie bis vor sechs Wochen Amme im Hause eines österreichischen Capitano gewesen. Das Söhnlein dieses Hauptmannes ist also bei sehr loyaler Muttermilch aufgewachsen, und ein Garibaldi wird trotz seiner italienischen Amme nicht aus ihm. Die junge No-Sagerin erzählte uns auch von einem ganzen friaulischen Dörfchen, das „No" gesagt. Da hätte nämlich der Herr Pfarrer, der für den päpstlichen Stuhl fürchtet, die Zettel seiner Schäfchen, von denen keines schreiben oder lesen kann, alle mit „No" ausgefüllt. Die guten Männer des Ortes wähnten aber alle mit „Si" gestimmt zu haben und als sie das Gegentheil erfuhren, wollten sie dem Herrn Pfarrer an den

Leib. Mit Mühe gelang es ihm, sich zu flüchten in das Häuschen, in dem die Carabinieri (Gensdarmen) des Ortes lagen. Aber die politisch aufgeregte Volksmenge zog auch vor das Häuschen der Carabinieri und tumultirte dort. Was blieb dem Herrn Pfarrer übrig? Er konnte nur verkleidet durchkommen und so steckte er sein geweihtes Ich in den Rock eines Carabinieri (wie oft er sich bekreuzigt haben mag, als er in das sündige Kleid hineinschlüpfte!) und fuhr zur Nachtzeit mit den anderen Carabinieri davon. Diese Geschichte vom „Mönch und Soldat" erzählte die junge Bäuerin mit sichtlichem Behagen, die Scene der Verlegenheit, als der Herr Pfarrer den Gensdarmenrock anlegen mußte, besonders lebendig und mit echt italienischer Komik ausmalend. Sie verkürzte uns ein schönes Stück Weges und erhielt uns auf dem drei Stunden langen Wege in guter Laune. Um 1 Uhr waren wir in Udine. Mein Triester Advokat rieth mir, daselbst das auf dem Hauptplatze seiner Zeit zur Feier des Friedens von Campoformio, der Italien an Oesterreich gebracht, (welch' unglückseliges Angebinde!) aufgerichtete Monument anzusehen. So boshaft wollte ich denn doch nicht gegen die Geschichte sein. Ich ließ es ungesehen und fuhr gen Venedig.

II.
Venedig's neue Physiognomie.

(Todtgemachte Phrasen. — Die jauchzende Königin der Adria. — Neues Leben. — Straßenbilder. — Geschichte zweier Mastbäume. — Was Steine alles erleben. — Auf dem Marcusplatze. — Kaiser- und Königsbilder. — Vittor Emanuel, Manin und Garibaldi. — Die Politik der Cafés. — Ehemals und jetzt. — Die Novitäten des Marcusplatzes. — Italienische Officiere und die Venetianerinnen. — Garibaldianer. — Neue Zeitungen. — Die guardia civile. — Ein Vorgeschmack.)

5. November.

„Die trauernde Benetia," „die büßende Königin der Adria" und andere dergleichen Phrasen haben mit Einem Schlage all' ihre langjährige Giltigkeit verloren. Der Adria Königin-Wittwe macht es eben wie andere Wittwen. Der Mann ihres Herzens ist endlich gekommen, nun wirft sie ihre Trauergewänder rasch in's Meer und läßt sich von selbigem Manne heimführen. Nun kehrt die Gluth der Jugend wieder in ihre Wangen zurück, der Athem fliegt, und das Herz pocht leidenschaftlich, die Tage und Stunden, binnen welchen der „Lang- und Heißersehnte" (so heißt er ja immer) kommen soll, werden gezählt und gezählt und viel zu lang befunden. Nun, die Heimführung steht vor der Thür; wenn übermorgen die Sonne hoch am Lido emporgestiegen sein wird, zieht er ein, der Mann des Herzens Benetia's. Und er wird eine ungeahnt schön und jugendlich geschmückte, lebensheitere Braut finden! Venedig's Phy=

siognomie ist ganz ausgewechselt. In die alten marmornen Züge ist ein Hauch neuen Lebens gefahren, ein Strahl der Heiterkeit fliegt über das sonst nur steinerne Antlitz und vergoldet alles Leben und alle Kunst um uns herum. Alter San Marco! Erkennst du dein schönes, anmuthiges, leichtlebiges, heiteres Venetianervölkchen wieder? So leicht magst du dich, von dem kostbaren Hause, das sie dir gebaut und mit allen Reichthümern morgenländischer Kunst geschmückt, herabschauend auf den herrlichen Platz, dem sie deinen Namen gegeben, denn doch nicht zurechtfinden in dem farbigen, neu auflebenden Treiben unter dir. Was ist's, daß sie herumrennen? geschäftig an der kostbaren Façade deines Heiligthums herumklettern, sie schmücken nach allen Seiten? daß sie dreifarbige Fahnen aufziehen, Lichter und Lampions, zauberhaft anzuschauen, anstecken? Welches Gewühl auf der Piazzetta, auf der Riva! Kommt das sieggewohnte Geschwader Venedigs mit den flatternden Bannern und dem Rufe: „San Marco! San Marco!" wieder einmal schätze- und ruhmbeladen über das Meer dahergeschwommen? Oder führen sie einen neuen Dogen in deine heiligen Hallen ein? Wo sind die trüben, finsteren Mienen der letzten Jahre? Sieh, da tauchen ja ganz neue Gestalten vor dir auf; die Freunde und Männer des Volkes, die du sonst nur mit Thränen in den Augen an dir vorüberwandeln sahest, sie machen ein frohes, heiteres Gesicht, und du hörst alles Volk lachen und scherzen, die Zeit in liebenswürdigem Muthwillen todtschlagen, Alles, Alles ganz so, wie ehedem, als du noch keinen Kaiser und keinen König kanntest — ja, ist das Alles kein Traum? Nun es ist keiner, aber es erscheint den Venetianern selbst wie ein Traum. Fast kennen sie sich selbst und ihr

Venedig nicht wieder. Ja, die Göttin des Glücks hat ihnen in einer Sommernacht des Juli alle Trauer und alle Trübsal von der sorgenvollen Stirn geküßt und sie zu neuem Leben wachgerufen. Und da wandeln sie nun in langentbehrtem Frohsinn den Marcusplatz entlang und scheinen einander zu fragen: Ist das Alles wahr?

Wandeln wir mit ihnen und sehen wir uns das neue Straßenbild, das der Marcusplatz nun bietet, ein wenig näher an. Wenn wir aus dem „Hotel Bellevue," diesem solid deutsch und einladend freundlichen, wohnlichen Fremdenhause, heraustreten, fällt unser Blick zuerst auf die drei hohen Mastbäume, die vor dem Marcusdome hoch in die blaue Luft hineinragen. Von ihrem höchsten Punkte herab wallen die Banner des neuen Italiens; grün=weiß=roth ist heute ihre Farbe, wie sie noch vor Einem Jahre roth=weiß war. Diese herrlichen Maste da oben wundern sich wohl schon über gar nichts in dem schönen Venedig. Einst steckte man da oben auf ihren Spitzen die Flaggen und Farben des erobernden Venedig's auf, da wehte das Banner von Cypern, Morea, Kreta, Negropont, und zeigte die Macht der Dogenstadt. Dann wieder flatterten einmal die Farben des ersten französischen Kaiserreiches lustig in alle Lüfte, dann nahm die österreichische Fahne von dem hohen Posten da oben Besitz, bis sie herabgerissen wurde (1848), um dem Banner der venetianischen Republik, dem schönen Werke Daniele Manin's, diesem kurzen, schönen, altvenetianischen Traume, Platz zu machen. Freilich wurde auch diesem Banner gar bald das Loos seines Vorgängers bereitet und es mußte dem österreichischen wieder weichen. An achtzehn Jahre erhielt sich nun dieses unter Drang und Zwang wieder da oben, aber es flatterte gar kleinlaut, und die Venetianer sahen nicht mehr empor zu jenen ihnen so lieben Höhen. Wenn sie heute hinanschauen, dann sehen sie, wenn auch nicht mehr das Banner der Republik, so doch wenigstens die Tricolore des Königreiches Italien da oben wehen. Was Bäume und Menschen Alles erleben, wenn sie nur gehörig alt werden! Andere Zeiten, andere Bilder, andere Farben! Man sehe nur, wie mit einem Zauberschlage jede auch die geringste Erinnerung an das, was bisher war, hier verschwunden ist. Fünfzig Jahre österreichischen Regimentes — wo sind sie? Ueber Nacht ging die Geschichte wie mit einem Schwamme darüber, und Alles ist spurlos verlöscht. An die Stelle der Kaiserbilder sind rasch Königsbilder getreten. Welch' großer Vorrath verbotener Bildnisse mag in Venedig gewesen sein, wenn über Nacht, kaum daß der letzte Oesterreicher draußen war, die ganze Stadt versorgt werden konnte! Es ist kein Café unter den Procuratien des Marcusplatzes, das nicht seinen Viktor Emanuel im Bilde so groß als nur möglich draußen hätte. Armer königlicher Schnurbart, welches Leidwesen haben dir deine nationalen Maler mitunter angethan! Bei diesen Königsausstellungen leiden die lokalen Erinnerungen versunkener Herrlichkeit aber durchaus nicht. Daniele Manin, der Präsident der Republik von 1848, beherrscht neben Viktor Emanuel das neue Terrain. Das Bild des Volksmannes hängt so ziemlich demonstrativ neben dem neuen Königsstern, der dem alten Venedig nun aufgegangen. Wollen die Venetianer mit dem Bilde Manin's, das man überall hängen sieht, etwa sagen, was ihnen noch lieber wäre, als das, was ihnen jetzt lieb ist? Aber Manin ist ein todter Mann, es lebe Viktor Emanuel! Venedig hat eben keine Volksmänner mehr, es muß sich welche schaffen und wird sich solche schaffen; die letzte Zeit war freilich nicht dazu angethan, Volksmänner hervorzubringen. Und da man Männer nicht so zu kaufen bekommt, wie grün-weiß-rothe Bänder und Schleifen, so nimmt man mit alten Erinnerungen vorlieb. Und Manin ist dem Venetianer von heute die liebste Erinnerung, er schwelgt in den Reminiscenzen der Tage der letzten Republik, während er das „Viva il Re!" ruft. „Al Daniele Manin!" — nennt sich auch schon ein neues Café unter den Procuratien, das noch gar nicht geöffnet ist. „Danielo Manin" heißt schon ein neues Tages-Blatt. Die Café's des Marcusplatzes haben zuerst von dem Geist der neuesten Zeit profitirt, sie huldigen ihm auch ausgiebig und gehörig. So manches unter ihnen mußte sich sogar an seinem Kopfe vergreifen und ihn umtaufen. „Quadri," „Speccchi," „Florian" brauchten dies freilich nicht, sie waren in ihren Schildern neutral, privat. Aber die ein anderes Italien als das gewünschte im Schilde führten, die mußten ihren Kopf herabnehmen und einen anderen aufsetzen. So ist aus dem „Caffé dell' Imperatore d'Austria" plötzlich über Nacht ein „Caffé Svizzero" geworden. Der Wirth, der aus dem „Kaiser von Oesterreich" nicht so rasch einen Italiener machen konnte, machte indeß aus ihm einen — Schweizer. Vielleicht ist das nur ein Uebergang und es wird ein „Caffé Garibaldi" später daraus. Andere Zeiten, andere Schilder! Aber auch über das Leben vor den Café's auf dem Marcusplatz ist der neue Geist gekommen. Wer von den Tausenden, die Venedig in den letzten Jahren besuchten, nahm aus der Physiognomie des Lebens auf dem Marcusplatze nicht die düstersten, schmerzlichsten Eindrücke mit nach Haus? Der Hinter= und Vordergrund des Bildes waren freilich immer von großartiger Schönheit, der malerische und architektonische Reiz ließ nichts zu wünschen übrig, die goldgrundigen Façadenbilder von San Marco leuchteten in hehrer Schönheit, vom Gold der Sonne nur noch verklärt, vom Dome auf die Piazza herüber, ehrwürdig und feierlich lagen die stolzen Wölbungen der alten Procuratien vor dem Auge ausgebreitet, Menschen wandelten genug umher, aber es waren österreichische Soldaten, österreichische Beamte und — Fremde; auch die prächtige Regimentsmusik rauschte — was nützte meiner Stimmung dies Alles? Ich sah unter den Kindern des Landes freudenlose, betrübte Gesichter, gefaltete Stirnen, hängende Köpfe, und diese wollten mir zu dem heiteren Bilde des Marcusplatzes nicht passen. Die uralten Steine schienen mehr Leben zu haben als die Menschen, die da herumgingen, und es war mir, als sähen jene selbst diese Menschen so wunderlich an und sagten: „Venetianer, warum so düster und traurig?" Ja, was wissen Steine, was uns Menschen drückt! Heute aber sehen diese Steine nur heitere Gesichter, es scheint Alles so verjüngt und froh geworden. Nicht mehr den „Forestieri," den Fremden allein gehört der Marcusplatz, nein, die Venetianer haben wieder von ihm Besitz genommen und verlassen ihn fast gar nicht vom frühesten Morgen bis in die tiefe Nacht hinein. Ein reiches heiteres Leben thut sich nur hier dem Auge auf, mit jedem Tage mehr und mehr. In den Hallen und draußen auf dem Platze wogt es durcheinander in unaufhörlichem Auf und Ab; vor den schönen Läden, die

den Fremden ihre kostbaren und zierlichen Florentiner und Venetianer Arbeiten zeigen in Hülle und Fülle, ist gar nicht ruhig zu stehen, und an den kleinen Tischen vor den Café's nicht ruhig mehr zu sitzen, denn jeder Augenblick bringt einen neuen Stoß Menschen, der heran= und vorüberdrängt, und der gemüthlich ertragen sein will. Und dann die mancherlei Novitäten, die der Marcusplatz zeigt! Da sind zuerst die Officiere und Soldaten der italienischen Armee, die neuen militairischen Herren der Lagunenstadt, die stärkstvertretenen Novitäten des Marcusplatzes von heute. Fast durchgängig schöne Männer, schön uniformirt, dunklen Antlitzes und Augen wie Feuergarben so glänzend, sind diese Leute die Lieblinge des Tages bei Venetianern und Venetianerinnen. Die Letzteren treiben sogar mit ihnen einen auffallenden, etwas demonstrativen Cultus. Eine Venetianerin am Arme eines Officiers — wer hat seit 18 Jahren solch' ein Paar in Venedig wohl wandeln gesehen? Die schönen Venetianerinnen hatten den Officieren der österreichischen Besatzung schon längst den offenen Krieg erklärt, und ich glaube, von allem Widerstand, den die Männer der fremden Armee in Venedig gefunden, wird ihnen der Widerstand der Venetianerinnen am wehesten gethan haben. Diese um so Vieles glücklicheren Männer der italienischen Armee, ich glaube, sie brauchten nicht halb so schön, nicht halb so liebenswürdig und galant zu sein, als sie in der That sind, und sie würden doch von den Venetianerinnen gleich fêtirt werden, wie sie es jetzt bei dem Status quo ihrer leiblichen und geistigen Liebenswürdigkeit werden. Die Politik macht eben heute auch in der Liebe, oder ist es etwa umgekehrt? —
Nebst den Officieren der regulären Armee ist der „Gari=

baldianer" eine Novität des Marcusplatzes. Das rothe Hemd — mehr haben diese armen Bursche in der Regel nicht auf sich, und die Sommer-Temperatur, die wir hier haben, macht ihnen auch ein Oberkleid entbehrlich — und die rothen Kappen tauchen hier in ziemlich großer Anzahl auf.

Es sind nebst nun zurückgekehrten Kindern der Stadt römische und istrianische Emigranten zumeist, die nun hier aus der Hand des neuesten Zuwachses des Königreichs Italien ihr zeitweiliges Glück empfangen wollen. Der Garibaldianer tritt übrigens auch in feinerer Form zuweilen auf. Man sieht oft feine, noble Gesichter unter ihnen. Unter den Officieren sticht manche ehrwürdige, graubärtige Gestalt, die, wer weiß schon zum wievielten Male, für Italien zur Waffe gegriffen, respecteinflößend hervor. Das Garibaldi-Costüm scheint überdies auch im Civil ein klein wenig Mode zu werden. In rothe Hemden kleidet man Mädchen und kleine Kinder, unter den Kindern des Volks macht manches Knäblein am Sonntag mit seinem vollständigen Garibaldi-Anzug auf der Riva dei Schiavone Staat. Garibaldi steht in der Verehrung (wenigstens im Bilde) der Venetianer derzeit etwas zurück hinter Manin und Viktor Emanuel. Sein Name jedoch prangt schon auf manchem Schilde, und auch eine Straße, die, welche von der Riva dei Schiavone zum Giardino pubblico führt, wird nun „Strada Garibaldi" genannt. Das „Evviva il Re!" und „Evviva Italia unita!" ist der Mode-Ruf des Tages und die Garibaldi-Rufe kommen nicht einmal noch in zweiter Reihe vor. Der „König" ist Mode, es lebe der König! — Eine dritte Novität des Marcusplatzes ist der Mann der Guardia civile, der National-Gardist. Derzeit hat er keine andere uniformelle Auszeichnung, als die dunkle Kappe mit rother Einfassung und den rothen, dünnen Streifen. Zu den Novitäten des Marcusplatzes sind eigentlich auch die vielen neuen Tagesblätter zu rechnen, denn wahrlich, zu dem Leben, das jetzt auf dem Marcusplatze herrscht, tragen ihre kleinen und großen Colporteure, diese unermüdlichen kleinen und großen Schreihälse, nicht wenig bei! Da schreit uns Einer den aus Triest nach Venedig gewanderten „Il Tempo" in's Ohr, ein Zweiter sucht uns mit seiner gellenden Stimme für die „Gazetta di Venezia" einzunehmen, ein Dritter für „Il Rinnovamento," und dann kommen noch andere, die schreien wieder: „l'Occa" (das Auge) „Il Leone di S. Marco" „Corriere di Venezia," „Gazetta del Popolo, Sio Signor Rioba" (eine venetianische komische Figur) u. s. w. Eine ganze Legion neuer Zeitungen, die alle aus dem Schutte der österreichischen Macht hinaufgestiegen, schwirrt um unser Ohr, und alle werden sie uns mit dem stereotypen Zusatz: Apenna sortito (so eben erschienen) angeboten. Spielt nun Abends noch die Musik der Guardia civile, auf dem Platze (das Verbleiben der österreichischen Militärmusik in Venedig hätte sich, wie die Italiener sagen, General Menabrea auch noch im Wiener Friedens-Vertrage ausbedingen sollen), dann ist Venedig so recht das alte wieder. Ist das ein melodisches und auch in den höchsten Höhen des Spectakels noch immer nicht distonirendes, wohllautendes Treiben! Gestern Abend erst gab es desgleichen.

Das Municipium feierte die Verkündigung des Plebiscit in Turin mit einer Illumination des Marcusplatzes, die uns einen Vorgeschmack von den uns erwartenden Nachtfesten Venedigs geben sollte. Auf dem trotz der vielen vor=

handenen Lücken doch wirklich in Tageshelle strahlendem Platze ergoß sich, von der Musik der beiden Gardebanden umrauscht, ein Stück echt italienischen Straßenlebens in fort und fort brausender Fülle in den Stunden von 6 Uhr bis Mitternacht. Venedig ist nie schöner, als wenn die Venetianer heiter sind!

III.
Am Tage des Einzugs.

(Leiden der Forestieri. — Spätkömmlinge. — Ein kostbares Bett. — Wanderungen längs der Riva. — Nationales Zeug. — Die Farben des Tages. — Die Kolosse der italienischen Kriegsmarine. — Die passiven Helden von Lissa. — Die drei Trikoloren. — Auf der Loggia des Dogenpalastes. — Allerlei Festphysiognomien. — Auf der Piazzetta. — Von eilf bis eins. — Revue der Festgondeln. — Die Gondeln des Munizipiums. — Die Gondeln der Conterie. — Königsschlepp. — Die Tauben von San Marco. — Schwimmende Feentempel. — Die Gondel der Handelskammer. — Die Gondel der Königin Nab. — Die Muschel von Chiozza. — Die Gondel von San Marco. — Königliche Pracht. — Der neue Bucentaur. — Ein großartiges Bild. — Ein Märchen zu Wasser.)

7. November.

Es ist Neun Uhr Morgens. Die zwei Männer von Eisen auf dem Uhrthurme von San Marco haben soeben

diese Stunde angeschlagen. In den Gassen und Gäßlein
Venedigs ist es längst lebendig geworden. Wer wird heute,
am ersten Festtage des Herrn, d. h. des neuen Herrn, von
den Venetianern auf dem Platze, auf welchem „il nostro
Re" den Fuß in die stolze Dogenstadt zuerst setzen wird,
fehlen wollen? Von allen Inseln sieht man die Schaaren
herübersetzen auf die Riva dei Schiavone; aus allen „Calli"
und „Vicoli" und wie die kleinen Wege und Gassen noch
heißen mögen, strömt die Menge dem Marcusplatze und
der Piazzetta zu. Am geschäftigsten unter ihnen sind nun
natürlich wieder die Forestieri, die jeder der letzten Tage
zu Tausenden gebracht hat.

Wo nimmt das kleine Venedig nur all den Raum her?
Freilich der heikelste Engländer vergißt bei den zaubervollen
Versprechungen der venetianischen Feste, die da kommen
sollen, alle angestammten Forderungen an den Comfort und
bezieht ein finsteres Kämmerlein in irgend einem verfalle=
nen Hause der Strada Garibaldi oder noch weiter hinaus,
wo die letzten Häuser stehen. Ich habe manchen dieser frem=
den Spätkömmlinge sogar in Verdacht, daß er, da er in ganz
Venedig kein Bett hat auftreiben können, um sein Haupt nie=
derzulegen, auf einem Sessel vor einem der Café's am
Marcusplatze seinen müden Leib zur Ruhe bringt, oder
daß er sich sogar — wie romantisch! — eine der schönen
Marmor=Quadern des Marcusplatzes unters Haupt legt
und, den Blick auf San Marco gerichtet, vortrefflich zu
schnarchen beginnt. O, es ist Alles möglich! Dieser Eng=
länder da, der auf dem Fußgestelle eines der Granitcolosse
auf der Piazzetta, den Bädeker oder Murray in der Hand,
sitzt, sieht mir ganz so aus, als hätte er heute Nacht dies

Nothlager benutzt. Hängt ihm ja noch die Reisetasche um und macht er doch die kleinsten Augen! Und was liegt daran? Er hat vielleicht das schönste Bett in Venedig verschmäht für heute Nacht und diese harte Stelle aufgesucht, um den Platz gleich in aller Frühe bei der Ankunft des Königs behaupten zu können. Haben sich doch Leute, Signore und Signori, schon so zeitlich auf der Loggia des Dogenpalastes, wo das Municipium Steh- und Sitzplätze herrichten ließ, eingerichtet und sich den besten Fleck, von dem aus sie Alles und noch etwas mehr, als wir Anderen die wir später kommen, sehen wollen, auserkoren.

Da werden sie noch lange ausharren und die Blicke über die Lagunen hinweg in den Canal Grande schweifen lassen müssen, ehe das glänzende Barken- und Gondel-Geschwader, das den König und die Seinen bringen soll, in Sicht sein wird. Wir aber ergehen uns noch ein wenig, ehe all' diese Herrlichkeiten an unser Auge herantreten, wo immer hin, überall gleiches Leben, gleiches Treiben, gleiches Lärmen, um die Hauptader Venedigs herum. Da gleich, die Riva dei Schiavone, dem Hafen entlang ein solennes Wogen und Strömen. Ganze Wälle von grün-weiß-rothen Bannern und Fahnen starren uns von den Häusern, den Café's und Trottoirs an. Die Venetianer geizen mit diesem nationalen Zeug durchaus nicht, ein Handel mit Allem, was grün-weiß-roth glänzt, ist in diesen Tagen ein prächtiges Geschäft. Und was ist nicht grün-weiß-roth seit einigen Tagen in Venedig? Jedmöglicher gangbare Artikel trägt die Nationalfarben: Kleider, Hüte, Cravatten, Halstücher, Würste, Bonbons, Bouquetts, Sorbetts — Alles, Alles ist grün-weiß-roth, die Schönheitsfrage ganz in den

Hintergrund drängend. Männer aus dem Volke tragen fast alle diese nationalen Abzeichen. Verschwendung mit ihnen treiben die Gondolieri, Barkenführer, Facchini und all die Kleinwaaren-Verschleißer der Riva, die Kastanienbrater und Budenbesitzer und Spaßmacher der Straße. Auch die Bersaglieri, die italienischen Jäger, eine vortreffliche Kerntruppe, haben sich ihre Kaserne wacker herausgeputzt. Sie selbst stürmen — einen gehörigen Marschschritt sieht man bei dieser italienischen Truppe fast gar nie — eben die Riva hinab zum Versammlungsort der Garnison hin. Mächtig aufgeputzt haben sich auch die Schiffe im Hafen, die kleinen Kauffahrer, wie die Colosse der italienischen Kriegsmarine, die da vor Anker liegen. Flaggenbespickt glotzen diese letzteren nach Venedig hinein, es ist manches Ungethüm unter ihnen mit dem Panzer von Eisen und einer Galerie von Hundert-Pfündern. Da ist der „Terribile" mit dem grimmigen Sporn und seinen unheilkündenden Kanonen-Augen, da sind auch der „Varese" und der „Formidabile" mit seinen Dreihundert-Pfündern — alle waren sie bei Lissa dabei, scheinen aber Admiral Tegethoff und den Seinigen nicht gar so „terribel" und „formidabel" gewesen zu sein. Doch davon nichts weiter, ich mag hier im stillen Hafen den prächtigen Burschen, die zu Sr. Majestät Flotte gehören, nicht die Laune verderben und ihre Flüche auf Admiral Persano noch vermehren helfen. Gehen wir weiter. Was ist das? Da hängen ja drei Tricoloren an einem Hause nebeneinander; die italienische erscheint da von der französischen und preußischen in die Mitte genommen! Nun das ist doch nur recht gethan, sollte ich glauben. Es ist dies eine getreue Darstellung in Farben und Fahnen, eine Dar=

stellung der kaiserlichen und königlichen Protection, der das neue Italien seinen Ursprung verdankt. Frankreich und Preußen haben Italien in die Mitte genommen, wie hier ihre Tricoloren die italienische in die Mitte nahmen. Diese Wahrheitsliebe gefällt mir. Bismarck und Preußen gehören überhaupt hier in Venedig nicht zu den Vernachlässigten; der preußische Premier — auch der König Wilhelm — steht im Bilde in Kunstläden und manchen Café's und Hotels neben Garibaldi, Manin, Viktor Emanuel. Die Italiener sind erkenntlich und können's jetzt auch sein, mehr denn je. Aber versteigen wir uns nicht weiter über die Riva hinaus, es fiele uns denn doch etwas schwer, durch dieses Menschengewoge hindurch die Piazzetta zu erreichen. Bereits ziehen das Municipium, die Abgeordneten der Provinz, die Handelskammer-Mitglieder, die Ersten der Stadt, die durch Geburt und die durch Stellung, der Station zu, die festlich beflaggte Palazzo-Reihe des Canal Grande entlang; bereits ist aller private Barkenverkehr abgeschnitten; die, welche sich noch zur Eisenbahn begeben wollen, müssen am Ponte Santa Croce dann Halt machen, denn von jetzt an die nächsten Stunden hindurch hat der Canal Grande nur Raum für die Gondeln der Auserlesenen, die da in allem Pomp einer heraufbeschworenen glänzenden Vergangenheit, an die Zeiten der alten stolzen Dogenstadt gemahnend, hineilen, um an der Triumphpforte des Ponte di Ferro ihren König einzuholen und ihn in die Mitte seiner Venetianer zu führen. Wir erreichen mit nicht viel Mühe noch immer unseren Platz auf der Loggia des Dogenpalastes oberhalb der Wache. Ein prächtiges Plätzchen! Man beherrscht von hier aus mit dem Blick auf der einen Seite die Piazzetta bis an den Haupteingang des Marcusdoms und ein Stück der Fronte des Marcusplatzes mit dem alten teppichbedeckten Procuratien, auf der anderen sieht man bequem bis an die Ausläufe des Canal Grande und ein Stück der Riva bei Schiavone. Neben uns füllen sich immer mehr und mehr die Sitz= und Stehplätze der Loggia; unter uns beginnt bereits der Aufmarsch der Truppen, Infanterie, Artillerie, Bersaglieri, die sich zu einem lebendigen Spalier, das die ganze Riva, die Piazzetta und den Marcusplatz entlang sich zweireihig hinunterdehnt, formirt, freilich erst nach und nach, in längeren Zwischenräumen, da dem massenhaft unten promenirenden Volke nicht so rasch beizukommen ist und sich dasselbe nicht so leicht eindämmen läßt. Da marschirt auch eben die Guardia nationale auf, heute bereits uniformirt, in hechtgrauen Röcken mit weißen Knöpfen und rothen Epauletten. Es ist eilf Uhr geworden, die ersten Kanonenschüsse donnern vom Castell herab, daß der alte Palazzo, auf dem wir stehen, in seinen Grundfesten zu erbeben scheint und die Tauben von San Marco aus ihrer Ruhe aufgeschreckt in großer Flucht über den Platz jagen. Die Tauben von San Marco! Auch für sie, diese alten geflügelten Kostgänger der Republick, ist heute ein neuer Tag herangebrochen, sie scheinen es zu merken und thun schon seit dem lieben Morgen so freudig geschäftig, trippeln auf der Piazzetta herum und scheinen sich mit unter die Tausende von Empfängern Viktor Emanuels mischen zu wollen. Sie gehörten wohl auch zu den Unzufriedenen Benedigs, daß sie am Tage der Befreiung so laut werden? Die alte Zusammengehörigkeit scheint diese lieben Thierchen ganz aus dem gewohnten Context gebracht zu haben. Noch ein Kanonenschuß —

der König ist also auf der Eisenbahn=Station angelangt. Man beginnt unter uns mit dem Aufrollen eines breiten Teppichs, bunt und kostbar, den man vom Landungsplatze an bis zum Marcusdome und von dort bis zum Hauptportale des königlichen Palastes legt.

Nun nehmen alles Volkes Augen eine und dieselbe Richtung, hinaus auf jene Lagunenstelle, wo die Barken aus dem Canal Grande kommen müssen.

Ein dichter, schwerer Nebel liegt über Wasser und Erde und zeigt selbst die nahe postirten reichbeflaggten Lloyd= und anderen Dampfer nur fast in starken Conturen. Die schweren Schleier wollen sich noch nicht heben, sie wollen uns neugierig machen, das Schauspiel selbst von dieser Seite theatralisch einfassen. Aber es ist auch noch nichts zu sehen; der Empfang auf dem Bahnhofe, wo Abgeordnete der sieben venetianischen Provinzen den königlichen Gast mit huldigenden Worten begrüßen, und die Ordnung des langen Zuges nimmt viel Zeit für sich in Anspruch. Indeß geht das Geläute sämmtlicher Glocken des kirchenreichen Venedig mit monotonem beschleunigten „Bim=Bum" durch die Lüfte, und der Blick kann sich höchstens an der Betrachtung der verschiedenen Posten, die menschliche Neugierde sich geschaffen, ergötzen.

Wie die Menschen da auf den Dächern des Dogenpalastes und des Palazzo Ducale nisten, wie sie sich auf dem Baugerüste des in der Restaurirung befindlichen Theiles des Marcusdomes festsetzen, wie sie unter der großen Glocke des Uhrthurmes gemächlich stehen, da dort die schöne Loggia des Campanile belagern, dort wieder die Basis der beiden Granitsäulen umwimmeln! Ein anderer Theil von Neugierigen hat sich, von der Plazzetta verdrängt in die nächsten Barken am Ufer geflüchtet. Die Gondolieri haben einen prächtigen Tag, in ihren Taschen mögen so viele Francsstücke schon lange nicht zusammengekommen sein. Es ist ein Uhr geworden, und die Bewegung, die unter uns durch die militärisch-officiellen Kreise geht, sagt uns, daß sich der Zug nähere.

Wirklich, eine Miene der Ueberraschung zieht über alle Gesichter, da ist schon die erste der Barken, die der Zugführer. Ein blauseidener Baldachin umspannt sie, lange, weiße Mousselinvorhänge drapiren die Fronten, eine Krone in vollem Goldglanze schwebt über dem Baldachin. Rasch gleitet sie mit dem reichvergoldeten Schnabel und sechs in den Farben der Stadt gekleideten Ruderern an uns vorüber, dem Landungsplatze zu. Ihr folgt eine zweite, eine dritte Gondel, alle gleich reizend, gleich prächtig anzuschauen. Die aus dem dichten Nebel auftauchenden farbenüppigen, geschmeidigen Fahrzeuge, mit der langen Linie reichcostümirter Ruderführer, muthen das Auge gar so bestrickend an. Wir möchten länger bei ihnen verweilen, länger sie anschauen, aber da kommen ja neue Barken schon heraus aus dem Canal, mit neuen Farben und neuen Ueberraschungen. Da erscheint die Gondel der Conterie, mit schön geschwungenem Baldachin aus schwerer himmelblauer Seide, von dem hinablange, feine Stoffe in Rosa und Blau bis in's Meer hinabfallen, einen pompösen Schlepp bildend, den die Gondel mit der Grazie einer hohen Dame hinter sich herführt. Welch' herrlich ungewöhnlicher Anblick! Und da gleich im nächsten Gefolge wieder schlankgeformte, buntgeschmückte Fahrzeuge, die Ruderer blau-weiß, mit Sturmhüten, wallenden Federn, das savoyische Kreuz vorne lustig flatternd —

das sind die Boote der Officiere der königlichen Marine. Wir haben auch nicht Zeit, diese Barken zu bewundern, denn das Schauspiel wird immer großartiger, blendender, farbenreicher.

Da kommt eine große Gondel geschwommen, mit weiß=blau damastenem Baldachin. Mit dem schwervergoldeten Schnabel durchschneidet sie die trüben Wasser. Das Banner Venedigs umflattert den Baldachin, unter dem der Podesta sitzt; zehn Gondoliere in schmucken Baretten, weißstreifigen Jacken und rothen Hosen führen das Ruder; welch ein Anblick! Das ist die erste der Gondeln des Municipiums. Drei folgen ihr, alle von überraschender Farbenwirkung. Weiß=rothe, violette, rosafarbige Baldachins von reichem Zeug, die Ruderer in Sammt und Seide gekleidet, die Barken grün=weiß=roth bemalt — wie glänzend sich Vene=digs Commune da präsentirt! Jede der Municipal=Gondeln ist von einem Haufen kleiner Privatgondeln umschwärmt, alle in der Pracht der Costüme und Gondelbekleidung rege wetteifernd. Alle Farben treten Einem vor's Auge; Seide, Sammt, Gold, Silber, die schönsten Stickereien, große wallende Vorhänge mit kostbarem Spitzenbesatz, die sinnig=sten Zusammenstellungen, die reichste Abwechslung — o, man sieht, man ist in der Stadt des Tizian, des Tintoretto, des Bellini! Welche Bilder sich vor uns aufrollen! Sind das Mär=chen? Märchen, die uns die trüben Wasser der Dogenstadt er=zählen? Das wird immer bunter, prächtiger, feenhafter!

Ich schreibe in Ausrufungszeichen, nicht wahr? Wer könnte es anders, der dieses Barken= und Gondelgeschwader an die Piazzetta heranschwimmen sah? Wer konnte sich in dem tausendköpfigen Zuschauerkreise von Minute zu Minute eines leichten Aufschreies der Ueberraschung enthalten? Und da kommen erst noch die Haupttrümpfe, die der Canal Grande ausspielt, an uns heran. Da kommt die Gondel der venetianischen Handelskammer, ein großes silberschimmerndes Kuppeldach tragend, die Ruderer phantastisch in dem Costüme der Zeit gehüllt, da Venedigs Kaufmannschaft noch die erste des Erdballs war und die reichen Kaufherrn vom Rialto da drüben ihre Gondoliere in die theuersten Stoffe stecken konnten. Große, mächtig hingestreckte Gondelbauten, Feentempeln gleich, so üppig geschmückt im Vorder- und Hintertheil, daß das Auge geblendet von Gold- und Silberbrokaten, von Fahnen, Farben und Figurenreichthum hinstarrt, bewegen sich nur langsam an uns vorbei, denn bereits stockt die Passage auf dem Canal, immer reicher, unübersehbarer wird die Anzahl der Festfahrzeuge. Wie schön ragst du, blauseidenes Zelt mit goldgestirnter Decke aus den leichten Nebelfäden der Luft heraus! Deine langen wallenden Florschleier flattern über die Wasser hin, wie leichte Wassergöttinnen. Haben sich die Nixen der Lagunen dir für heute vermiethet oder hat sie die angeborene Neugierde aus dem alten, dunklen Bett auf die Oberfläche herausgetrieben?

Bist du Gebilde der Menschenhand, oder hat dich, wunderreizende Gondel, die alte Mythenmutter geschaffen, um uns zu berücken? Anstatt aller Antwort zeigen sich dem Auge immer neue Wunder. Wie lieblich streifst du durch die Wasser, du kleine Barkensee mit den feinen Rosa-Spitzenschleiern! Unter deinem blumengeschmückten Baldachin sitzt eine feingeputzte Dame, — ist es die Königin Mab? So wenigstens würde Merkutio die Gondel der

Königin uns geschildert haben, so fein, graziös und niedlich, wie du aussiehst, liebliche Gondel! Sie können alle um dich herum, deine Schwestern, nicht vor deinem Anblick bestehen, und wendeten sie noch mehr des Goldes und Silbers für sich auf, als sie schon ohnehin thun.

Aber frohlocke noch nicht, auch deine Herrschaft hat ein Ende. Da kommt ja die Gondel Muranos, einer silberglänzenden Perlenmuschel vergleichbar in Form und Ausstattung, und dicht hinter ihr kommen sie auch noch, die Gondeln der übrigen Schwesterinseln Venedigs in Violett, Blau, Grün, Weiß, Rosa gehüllt, und weithin flattert von allen ihren Schnäbeln in stolzer Schönheit das Banner der alten Republik, das sie nicht vergessen können, nicht über Franz Joseph und auch nicht über Vittore Emanuele Und da kommen auch noch alle die schwimmenden Gondeln der Provinzen Benetiens, all diese schwimmenden Baldachine, Kioske, mit Seide-, Damast- und Sammet-Decorationen aller Farben und Formen; welch ein Glanz der Städte, welch' eine schöne Huldigung! Da schwammen Paduas, Rovigos, Trevisos, Udines herrliche Fahrzeuge, da kamen die silberstrotzenden Gondeln der Nobili von Venedig, jede von ihnen von zehn bis zwölf Ruderern in Costümen geführt, die allein schon Bewunderung hervorrufen müßten.

Bald war die ganze Wasserfläche ein großes, buntes, farbenprächtiges Bild. Man sah nur Menschen und Fahrzeuge, keinen Streifen Wassers mehr, immer neue und neue Farben, ein Nebeneinander von Herrlichkeiten für's Auge, das eines Tasso oder Ariosto bedürfte, um würdig beschrieben zu werden. Ich habe mir das Schaustück von so anregender Großartigkeit gar nicht allein gegönnt, ich wünschte, die Leser hätten es mit mir sehen können. Und eben, da wir schon ganz geblendet vor dem Bilde standen, da kam erst die — königliche Gondel, die Gondel von San Marco, die Venedig seinem neuen Herrscher mit allem Pompe, die der Majestät wirklich würdig erscheint, bauen ließ. Die alten Bucentauren der Dogen Venedigs könnten auf die Königsgondel eifersüchtig werden, so prächtig ist sie. Ueber einem hohen schlanken Pavillon aus Glas breitet ein rothsammtner, goldgestickter Baldachin seine kostbare Decke, unter welcher der königliche Thron aufgestellt ist. Breite kostbare Draperien umschweben den Pavillon, und die Goldfigur eines Genius hält die schweren Sammtvorhänge aus einander, um dem König die Aussicht auf das Vordertheil der Gondel frei zu erhalten. Da auf diesem Vordertheil steht aus massivem Golde gearbeitet, der Löwe von San Marco, in seiner Klaue hält er das Evangelium mit den sichtbaren Worten: „Pax tibi Marce!" „Frieden mit dir Marcus!" Am Hintertheil der Gondel fesselt dann eine andere schöne Gruppe aus massivem Golde das Auge. Venezia drückt der vor ihr knieenden Italia die Krone auf's Haupt. In der Mitte des großen Fahrzeuges erhebt sich ein goldener Mast. Achtzehn Ruderer, blaue Sammt-Barette auf dem Kopfe, in grünsammtne, silbergestickte Jacken gehüllt, auf dem einen Bein Tricots von rother Seide, auf dem zweiten Tricots von weißer Seide, führen das wunderherrliche Fahrzeug des Königs sehr langsam dem Landungsplatze zu — welch ein Pomp, der Majestät wirklich würdig! Und hinterdrein wieder ein Paar imposante Fahrzeuge des Municipiums, gelb, violett und grün, mit den schönsten Silberbrocat-Arbeiten. Welch ein großartiges und dabei doch anmuthiges

Bild! Verschwunden war das Meer, verschwunden jedes Atom von Wasser und dafür eine neue Welt von Farben, Lichtern, Bauten hervorgezaubert aus den trüben Tiefen der Lagunen! Eine Welt voll Zauber, eine Welt für die Phantasie, zu stark, zu berauschend für das Auge. Du glücklicher Mann, der Du aus dem Pavillon des modernen Bucentaur herausschaust auf dies herrliche Schauspiel und dir stolz sagen kannst: Es gilt mir, Alles mir!

Dein Auge ist feucht und unter Thränen verzückt, sieht es in einem unsäglichen Freudenrausche um sich, voll Verwunderung und unermeßlichen Erstaunens. So mag es deinen Vorgängern auf dem Throne San Marcos, den Dogen zu Muthe gewesen sein, wenn sie auf ihrer Gondel, dem Bucentaurus, am Lido von den Ersten der Republik eingeholt, in die Lagunen einfuhren und dann von dem Bucentaurus aus die Hunderte von Ringen ins Meer warfen, zum Zeichen ihrer Vermählung mit der schönen, stolzen Venezia. — Jetzt endlich ist es der Königsgondel gelungen, anzulegen und es war gut fürs Auge, daß nun das Ohr zu thun bekam, denn nun schwirrten Tausende und aber Tausende von „Evvivas", als die Gondel des Königs anlegte und Viktor Emanuel herausstieg, durch die Luft. Fort und fort und immer weiter, die Piazzetta und den Marcusplatz entlang zog sich die lange, schwere Kette von „Evvivas", da der König entblößten Hauptes, in erster Reihe begleitet von Ricasoli und zwei Prinzen, und von einem Schwarm von Generalen, Staatsbeamten, Diplomaten, Consulen u. s. w. gefolgt, zuerst in dem Dom und dann über der Piazza San Marco, dem Palazzo reale zuschritt. Viktor Emanuel — ein untersetzter, etwas übergesund aussehender Herr mit dem bekannten originellen Bartwuchse — schritt sichtlich innerlich überrascht durch die Reihen der enthusiastisch tobenden Menschenschaaren. In seinen Gemächern angekommen — glaube man ja nicht, daß er daselbst sobald Ruhe fand. O nein! Ueber eine Stunde lang noch begehrten ihn die Massen auf dem Marcusplatze zu sehen, und immer wieder erschien der König, den Hut hinausschwenkend, am Fenster, und der Huldigungen war lange noch kein Ende.

IV.
Die Märchen von Venedig's Straßen.

(Venedig illuminirt! — Kritische Großstädter-Fragen. — Die Zauber der kleinen Gäßchen. — Farbensinn der Venetianer. — La Bella Venezia mit mystischer Flammenkrone. — Wanderung mit Hindernissen. — Orientalische Bildchen. — Das Venedig Shakespeare's. — Jessika, wo bist Du? — Verflachung großer Eindrücke. — Am Canal grande. — Das Gemeindehaus. — Mystische Lichtbilder. — Die phantastische Rialto-Brücke. — Der glühende Bogen Palladio's. — Die Bilder des alten Venedig. — Auftauchende Gestalten. — Phantasmagorien auf dem Rialto. — Antonio und Shylock. — Zurück zur Piazzetta. — Die beiden Granitkolosse. — Der Tanzsaal von San Marco. — Tag und Nacht.)

8. November.

Venedig illuminirt! — wie sehe ich im Geiste schon so manche kritische Kinder der Großstadt beim Lesen dieser Worte die Achsel zucken. Venedig illuminirt? Was kann da los sein? Natürlich, diese kritischen Kinder der Großstadt wissen es vom Sehen oder auch bloß vom Hörensagen oder Lesen, daß la bella Venezia bei all ihrer Schönheit ein Geniste von kleinen, schmalen Gäßchen ist, in denen oft nicht mehr als drei Menschen neben einander gehen können, und da fallen ihnen dann ihre großen breiten, weltstädtischen Straßen im beleuchteten Zustand ein — die langen, monotonen Kerzenfronten, in denen Fenster für Fenster eine „Apollo" gleich der andern steif aufmarschirt, hier ein Gasstern, dort ein Gasstern, und dann die vielen mit so viel Aufwand von Geist zu Stande gebrachten Transparente, im vollen Oelglanze prangend, und so mancherlei andere transparente Poesie. Und da soll das romantisch enge, dunkle Inselnest Venedig aufkommen? Ja noch mehr. Diesen Leuten kann eine Illumination überhaupt nichts mehr sein, sie haben nicht nur in Wien und Berlin großartige Illuminationen mitangesehen, sie haben auch die übrigen Großstädte Europas im Strahlenkleide einer großen Beleuchtung gesehen, Paris vor Allem beim Napoleonsfeste! Da kann man doch nicht neugierig sein auf das illuminirte Venedig! Nun, ich habe das Alles auch gesehen, aber ich war doch auf das illuminirte Venedig neugierig, obwohl mich im Ganzen derartige Städte-Demonstrationen in Gas, Talg, Milly und Oel so recht zu langweilen pflegen. Um das Aussehen des Marcusplatzes freilich und das der Piazzetta war mir nicht bange, da wirken ja die Großartigkeit der Anlage, die historische Größe, die architektonischen Schönheiten mit, um etwas Sehenswerthes zu bereiten. Dieser Marcusplatz wäre sogar von den schlechtesten heimischen Illuminations-Stylisten nicht zu ruiniren. Aber das übrige Venedig, das Venedig der kleinen, schmalen Gäßchen, in deren Häusern

sich die Vis-à-vis so bequem die Hände geben, ja sogar auch
manchmal umarmen können, (welch herrliche Einrichtung,
einer schönen Venetianerin gegenüber!) das Venedig der
kleinen Plätze, der zahllosen Brücklein reizte mich. Wie
werden das die Venetianer nur anfangen, um hier einen
guten Eindruck auf Tausende von Fremden, die so vieles
Andere schon gesehen haben, zu machen? Aber ich habe mich
nicht verrechnet, wenn ich auf den schönen Farbensinn der
Venetianer gerechnet. Diese Leute — und auch die der un=
tersten Classen — gehen nicht fruchtlos Tag für Tag an
den schönsten Denkmälern der bildenden Künste vorbei, in
dieser Stadt haben nicht umsonst Jahrhunderte hindurch
Maler, Bildhauer, Mosaikarbeiter, Holzschneider, deren Ar=
beiten allein Millionen Menschen schon nach Venedig ge=
lockt, gearbeitet. Formen= und Farbensinn, das Gefühl für
das Schöne, für reine, ungezwungene Linien, für den
rechten Ernst und die rechte Heiterkeit in der Kunst leben
auch noch im heutigen venetianischem Volke, und man kann
dies mehr als sonst in diesen festerfüllten Tagen immer von
neuem beobachten. Diese Leute kennen alle das eigenthümliche
Gesicht ihres Venedig; sie wissen, was ihm gut ansteht und
was nicht; sie haben das rechte feine Gefühl in der Deko=
rationskunst. La bella Venezia muß immer la bella Ve=
nezia bleiben, wenn sie etwas arrangiren wollen — das
ist ihr erstes Augenmerk. Diese Leute in den kleinen Straßen
Venedigs, Kaufleute, Handwerker, Kleinhändler, Arbeiter ꝛc.
bethätigen einen Farbensinn, der manchem deutschen Maler
von Metier zu wünschen wäre. Gehen wir einmal das
ganze Gewirre von Gassen und Gäßlein durch, das sich
jenseits des Marcusplatzes von der Frezzeria bis an den

Canal Grande hin weit ausbreitet. Das „Gehen" bitte ich nur im Sinne langsamen Fortschreitens zu nehmen, anders ist es nicht möglich; denn so weit das Auge reicht, die langen schmalen Wege entlang und dann die immer seitwärts sich neu eröffnenden „Calli" hinab, sehen wir Alles menschenerfüllt. Es ist eine Kunst, hier weiterzukommen, wo sich ein Stoß Menschen hinauf= und der andere hinabbewegen will, ohne eigentlich so viel nöthigen Raum hierzu zu haben; aber man kommt doch weiter. Zeitweilig drücken wir freilich irgend einen Fremdling ohne alle Absicht an unsere Brust, das heißt, er drückt sich selbst an unsere Brust, ohne jegliche Veranlassung von Liebe und Freundschaft; dafür muß uns selbst wieder, wenn sich die nächste Menschenwoge staut, jemand Anderer oder jemand Andere in die Arme aufnehmen. Aber weiter gelangen wir doch. Daß wir mit uns Alles anfangen lassen, das ist natürlich die Hauptsache. Die zeitweiligen Stockungen machen uns eine Besichtigung der Illumination nicht unmöglich. Wir lassen uns, die Blicke emporgerichtet, ruhig weiterschieben. Da thut sich nacheinander von Gäßlein zu Gäßlein all der Zauber auf, den die Venetianer dieser Orte heraufbeschworen haben. Wenn man nicht wüßte, daß man zwischen Häuserreihen einhergeht, so könnte man glauben, zwischen mystisch erleuchteten Moscheen zu wandeln: über uns einen Wald von Fahnen und Bannern, die sich alle auf uns herabsenken und eine Unzahl bestrickender, farbiger, leicht gedämpfter Lichter, die einen tief mysteriösen Tanz um uns aufführen. Welch ein dunkler Farbenglanz liegt über diesem Straßenbildchen, wie flimmern und leuchten die Flämmchen in allen Ton= und Farben=Abstufungen, eine phantastische Nacht

um uns rings verbreitend, uns in orientalische Träume ein=
spinnend! Wie heißt dieses schmutzige, enge Gäßchen da bei
Tage? „Calla di Fabbri," glaube ich, und dieses wieder?
„Calla di Dio." Ich erkenne sie nicht wieder, obschon ich
sie auf meinen Irrwegen zur Post schon sehr oft durch=
wandert. Aus diesen Gäßchen sind ja luftige, zauberhaft
mysteriös erleuchtete Fahnenzelte geworden, ich sehe kein
Dach und keine geschwärzten Fronten, Alles ist Licht, ma=
gisches Licht und Farbe geworden. Welche Veränderung!
Und wie einfach erzeugt! Wie reizend diese Lichter aus far=
bigen Ballons und Lämpchen hervorbrechen, wie sinnig ihr Co=
lorit zu der düsteren Physiognomie des alten, schmalen Ve=
nedig paßt! Das nenne ich Farbensinn. Wie anders hätte
eine Beleuchtung dieser Orte einen Effect machen können,
als so? Man mußte diese dunklen Nester in eine Art my=
stischen Lichterglanzes tauchen, ein ganzes Heer von den
schönsten Kerzen hätte diese eigenthümliche, prächtige Wir=
kung nicht hervorbringen können, die wir vor uns haben.
Wir schreiten in diesem Mysterium von Lichtern und Farben
weiter, nichts als Gäßchen und wieder Gäßchen, unterbrochen
von einem kleinem Platze, von dem wieder rechts und links
Gäßchen auszweigen. Das ist so recht das Venedig Shake=
speare's, das Venedig seines „Kaufmann's." Jessika, Jessika,
wo steckst du? Doch sie ist heute nicht am Fenster und horcht
nicht auf den christlichen Anbeter, der so süß und fremd=
artig spricht. Wo sie nur ist? Shylok hat sie gewiß ein=
gesperrt hinter Schloß und Riegel, sind ja heute so viele
Menschen auf der Straße! Aber wäre sie auch da, Jessika,
was thäte ich mit ihr? Was thäte ich nur mit der schönsten
Jessika jetzt? An eine so kühne That wie die des Bassanio

wäre ja doch nicht zu denken, es sind zu viele Leute da. Gehen wir also unverrichteter Sache weiter. Unser Gang führt uns von Märchen zu Märchen, wir wandeln unter zaubererfüllten Lichterhainen durch und sind doch eigentlich in dunklen, alten Straßen Venedigs. Die vielen farbigen geheimnißvollen Flämmchen, die sich von Haus zu Haus ziehen, haben es uns angethan. Hier wieder eine kleine Brücke hinauf und hinab. Auf der trüben Fläche der Lagune unter uns tanzen die Lichter einen wunderbaren Reigen, die armen Wässer des Canals sollen einmal auch ihre schöne Nacht haben. Weiter, weiter. Die Hilfe des Gases sieht man hier selten in Anspruch genommen, die Lämpchen der armen Leute thun ihre ganze Schuldigkeit; Ballons und andere eigenthümlich geformte Lichthüllen, originell zusammengestellt, sinnig in der Anordnung, thun das übrige. Ueberall ist die Farben-Ordnung hier das eigentliche Wirksame. Die paar hellen Gassternchen, die hier und da auftraten mit ihren tagesgemäßen Inschriften: „V. V. E. R. d. J." oder bloß „V. E." und eine Gaskrone darüber, stören fast mehr den sonstigen mystischen Glanz der ganzen Beleuchtung und verflachen stellenweise in moderner Weise das ganze, so schön sich von Gäßchen zu Gäßchen fortziehende mystische Bild. Da nur noch dieses kleine Gäßchen zur Seite des „Hôtel de la ville" hindurch, und wir sind am Canal Grande. Der dichte Nebel vom Mittag hält seine feuchten Schleier noch immer über die Wässer gebreitet, das macht, daß uns mancher beleuchtete Palast jenseits des Canals nicht den rechten Eindruck machen kann. Die Paläste des Canal Grande haben sich heute überhaupt gar nicht brillant zu zeigen; sie gehören in das Programm der letzten Fest-

tage, bei der Regatta und dann bei der Serenata erst
werden sie all ihren Glanz zu entwickeln haben. Doch im=
ponirt auch heute schon so manches Haus am Canal.

Da gleich in unserer nächsten Nähe gewährt ein Ge=
meindehaus der Stadt Venedig einen reizenden Anblick. Die
ganze große Front des Hauses erglüht in grün=weiß=rothen
Flämmchen, sie ziehen sich über alle Stockwerke hin und
umspannen die ganze Façade mit zahllosen farbigen Licht=
äberchen. Ein großartiges Lichtbild fürwahr! Und was
spiegelt dann der Canal da auf seinen Wässern wieder?
Was für eine phantastische Lichterburg, mit riesigen Flammen=
pfeilern? Umgeschaut! Das ist ja die Rialto=Brücke, die
Krone der Serie von all den mystischen Bildern, die wir
bisher in den Straßen Venedigs empfangen, selbst wie ein
wunderbarer Mythus anzuschauen, den uns die zahlreichen
Flammen, die die Brücke bekleiden, erzählen. Wie das
phantastisch gaukelt und tanzt! Wieder sind es die Farben
Italiens, in denen die Rialto=Brücke erglüht, Grün=Weiß=
Roth. Wie der glühende, kühne Bogen des Palladio heute
so majestätisch in den Canal hineinstrebt und das weiße
Licht der Brückenbrüstung so leicht und graziös dahinschwebt
— da erstehen wieder vor Einem die Bilder des alten
Venedig in seiner ganzen ehemaligen byzantinischen Herr=
lichkeit und Prachtfülle. Die alten Chroniken fangen an
zu erzählen vom Ruhm der Tapfersten und deren Thaten
im Orient. Da oben auf der Brücke wimmelt es auf einmal
von allem Schönen und Guten, das die siegreichen Flotten
mitgebracht aus Byzanz und von den griechischen Inseln,
und die Käufer drängen und drängen, und schöne, wun=
derbar schöne Männer= und Frauengestalten in kleid=

samen, farbenprächtigen Trachten, sieht man über die Brücke wandeln.

Die alten Tage des Rialto sind auf einmal wieder da. Da kommt Antonio, der reiche elegante Kaufherr, der seiner Flotten harrt und für seine Freunde Geld braucht. Da kommen auch der feine Bassanio, der spöttelnde Graziano, die die Juden nicht lieben, deren Töchter aber desto mehr, und viele, viele, die Geld brauchen und es hier auf dem Rialto für schwere Zinsen auch bekommen. Und Shylock ist auch da im seidenen Kaftan und mit den geschäftig rechnenden Fingern und dem Christenhaß auf seinen Lippen. Und da sind ferner der siegreiche Othello, der nach langem Leben auf hoher ferner See sein geliebtes Venedig wiedersieht und da ist — doch wer will das Heer von Gestalten kennen, die aus dieser wunderbar schön beleuchteten Rialto-Brücke an uns heraustreten?

Immer größer und größer wird der Schauplatz der Phantasmagorie vor unseren Augen; es ist gut, daß uns der Ruf: „Barca, Barca, Signor!" aus unseren Gedanken herausreißt. Die Zeiten des Rialto sind ja doch nicht mehr. Keine Porzia, anmuthig und sinnig, spricht jetzt mehr in Venedig Recht da drüben gleich in dem Tribunalgebäude, das sich an den Rialto lehnt; gestrenge k. k. österreichische „Landesgerichtsräthe" haben dies in letzter Zeit gethan und königlich italienische werden es nun weiter thun. Einigen wir uns wieder mit der Gegenwart, d. h. handeln wir mit dem Gondoliere, der uns anruft, den Preis aus, um den er uns den Canal entlang zur Piazzetta führt. Wir mögen nicht noch einmal die Wege wandeln, die wir gekommen sind und lieber der Piazzetta zufahren. Steigen wir ein, der Mann weiß zwar nichts von „Tasso" auswendig (eben so wenig, wie irgend einer seiner Collegen), aber er läßt mit sich reden und verlangt nur — 2 Gulden. Geben wir sie ihm, die schönen Tage der Gondeliere von Venedig kommen nicht sobald wieder. Bald hat er uns auch ausgeschifft an der Piazzetta. Ein neues Bild! Die beiden Granitcolosse, von denen der eine den venetianischen Löwen, der andere den heiligen Theodor mit dem Krokodil trägt, sind zu Flammensäulen geworden. Eine Unzahl von Flämmchen, grüner, weißer, rother, läuft da hinauf, hinab, und wirft mächtige Schatten auf die alten, schwarzen Hallen des Dogenpalastes nebenan. Ueberdies gießen zehn eigens errichtete Gascandelaber mit ihren großen Armen Flammen über Flammen über die Piazzetta aus. Was ist das Alles noch gegen den beleuchteten Marcusplatz!

Von welcher Seite man immer an ihn herankommen mag, von dem Dome aus oder von der Frezzeria — man tritt wie in einen mächtig hingestreckten, feenhaft erleuchteten Tanzsaal hinein. Siebzehn riesige Candelaber schütten ein Füllhorn von Licht über den Marcusplatz aus — die „Tageshelle" ist da keine Phrase mehr. Und auch die Stimmung in einem Tanzsaal fehlt hier nicht, nur um das Tausendfache noch erhöht. Während wir hier an einen Pfeiler der Procuratien gelehnt stehen, mögen an dreißigtausend Menschen den Platz erfüllen, und Alle, Alle wandelt sie eben die Lust des Tages an, die Lust, den König Victor Emanuel, weil er gerade hier oben wohnt und gewiß nichts Besseres zu thun hat, (ist er doch gekommen, um sich die Venetianer anzusehen) so oft als möglich am Fenster zu stehen. Und sie erheben Alle ihre Stimme in echt italienischem Style gegen die offenen Fenster des Palazzo Reale, daß es einen Aufschrei giebt, der seinesgleichen suchen kann, selbst bei allen starken Enthusiasmus fähigen Völkern, einen Aufschrei, der sich noch sehr oft wiederholt, bis er endlich den gefeierten Re Galantuomo mitsammt seinen zwei Söhnen, Humbert und Amadeus, an die offenen Balconfenster lockt. Nun werden Hüte und Tücher geschwenkt, und dann geht man wieder seinem Dolce far niente nach an den unzähligen Tischchen, die auf dem Platze stehen, seinem Sorbetto, seiner Cigarre oder sonst etwas Lebendem. Die Nacht aber wird ganz zum Tage, man sucht alles Mögliche auf, nur nicht das — Bett.

V.
La Fenice.

(Die Schicksale der Fenice. — Einst und jetzt. — Die Misère der italienischen Oper. — Sänger und Publikum. — Die Galavorstellung. — Foyer und Haus. — Festphysiognomien. — Aus den Logen. — Benetianische Frauenschönheiten. — Die Fürstin Giovanelli. — Eine berauschende Schönheit. — Ein Buch mit sieben Siegeln. — Die Contessen Persico. — Die Zeiten Catarina Cornaro's. — Benetianischer Frauenraub. — Eine deutsche Schönheit. — Fürstin Clary. — Jüdische Aristokratie. — Trevés, Levi und Blumenthal. — Die Papadopoli und Mocenigo. — Der Hof.)

9. November.

Die Benetianer haben doch in Allem Recht behalten. Im Jahre 1863 erging an das Comité, welchem das Theater La Fenice zur Leitung untersteht, die freundliche

"Weisung" von Seiten der Behörde, die Pforten des schönen Hauses, das man seit dem Kriege von 1859 aus politischem Unmuth geschlossen hielt, wieder aufzuthun und die Venetianer nicht lange nach guter und schlechter Opernmusik schmachten zu lassen. Man berieth längere Zeit hin und her, es fanden sich wohl auch Stimmen, die schon um des lieben Beutels willen für die Fortsetzung dieses musikalisch passiven Widerstandes nicht mehr sein mochten, da stand ein Mann auf — er spielt heute eine große Rolle im Munizipium und war Mitglied des geheimen National-Comité's — und sagte: "Wir werden das Theater Fenice nicht wieder eröffnen, ehe nicht Viktor Emanuel auch unser König ist. Sagen wir dem Herrn Statthalter, daß er sich bis dahin noch gedulden müsse; hoffentlich dauert es nicht mehr lange!" — Man faßte diesen Beschluß, man ließ ihn auch der Statthalterei zukommen, und diese hat seitdem keine Anstrengung zur Aufhebung des politischen Bannes, den die Nation selbst über ihr Lieblingstheater gelegt, gemacht. La Fenice ist aber auch wirklich nicht früher wieder eröffnet worden, als bis nicht Viktor Emanuel auch König von Venetien war. Am 31. Oktober — ich war gerade in Venedig angekommen — öffneten sich die Thore des stolzen Prachtbaues der Fenice wieder. Musikalische Freuden sollten aber dem so lange ausgehungerten Publikum an diesem Abend und auch an den folgenden nicht werden. Die Befreiung Venedigs war auch, ganz so wie dem Re galantuomo, der "Presidenza" des Fenice-Theaters so überrascht gekommen. Daß in dieser Saison schon im Fenice-Theater wieder gesungen werden müsse, wer hätte das im Juni nach dem Tage von Custozza sich träumen lassen? Als es aber doch so kam, da hatte es der schnell herangezogene Impresario nicht so leicht, wie Viktor Emanuel, der seine Truppen einfach einmarschiren lassen konnte, denn er hatte sie bereits vor den Thoren stehen. Der unglückselige Impresario der Fenice aber mußte erst rasch zur ganz ungünstigen Zeit eine Truppe sammeln, und was da zusammenkam, das war auch danach. Eine solche Operngesellschaft, wie sie heute in der Fenice fungirt, hätten die Venetianer ihren Feinden — und zu denen zählten sie doch gewiß immer auch den Statthalter? — schon gönnen können. Wie froh wären die Behörden gleich nach der ersten Vorstellung gewesen, die Fenice wieder gesperrt zu wissen! Aber das Schicksal des ersten Abends in der Fenice war auch ein höchst klägliches. Man gab Verdi's „Ballo in maschera," und nach den ersten Tönen, die der Kehle des unglückseligen Tenoristen entquollen! — thun wir ihm den Gefallen und sagen wir entquollen! — brach ein Sturm von Mißfallen, Hohn, lärmendem Zischen und Pfeifen im ganzen Hause los, und dieser Sturm währte, auch über die anderen Sänger und Sängerinnen ausbrechend, die liebe halbe Nacht hindurch. Wer solche italienische Theaterdemonstrationen nicht selbst schon mitgemacht, dem ist auch schwer ein Bild davon beizubringen. Den Fremden, namentlich den Deutschen, betäubt solch ein Theaterskandal — und ein Skandal bleibt es immer — schon im ersten Moment. Freilich sind unsere Theaterauditorien zu Hause in ihrem grimmigsten Zustand wahre Lämmer gegenüber einem durch einen mittelmäßigen Sänger oder eine schlechte Sängerin aufgebrachten italienischen Publikum. Das rast und will seine Opfer haben. Auf die von dem Skandal getroffenen Akteurs macht der

Lärm merkwürdigerweise gar keinen Eindruck. Unsere schlechten Sänger und Sängerinnen in Deutschland müßte bei solcher Behandlung der Schlag treffen, meine ich; diese italienischen Comödianten singen unberührt von solchem Wetter ruhig weiter, ja ich habe es einmal mit angehört, daß so ein sturmdicht gebauter Tenorist nach einer fürchterlichen Zisch- und Pfeif-Salve seine Indignation erregende Arie — wiederholte! Das ist doch stark. Der erste Sturm, der in der Fenice ausbrach, fegte natürlich die „ersten" Kräfte der Gesellschaft sogleich hinweg. Der Impresario pausirte nun mit seinen Vorstellungen bis zu dem Tage vor dem königlichen Einzuge. Er hatte indeß das Publikum in öffentlichen Plakaten um Pardon gebeten und neue erste Sänger und Sängerinnen versprochen. Das Schicksal dieser neuen lag aber wieder schon in ihren künstlerisch nichts besagenden Namen besiegelt, und der Erfolg der zweiten Opernvorstellung, war nichts Anderes, als ein Aufguß der ersten Vorstellung. Der neue Tenor — de Azula hieß er, und ich nenne seinen Namen, um alle Direktoren in Deutschland vor ihm zu warnen — nahm das klägliche Ende, das sein Vorgänger genommen; die ganze furia eines italienischen Publikums, das sich mit Niedertracht angefungen fühlt und sich dafür so empfindlich rächt, machte sich über ihn her, und noch vor Ende des ersten Aktes war er bereits künstlerisch-kritisch genommen — eine Leiche. Schon nach dem zweiten Akte zeigte der Impresario wieder in einem Placate im Foyer der Fenice, abermals mit flehender Miene um Schonung, dem Publikum an, daß er bereits wieder um einen neuen Tenoristen telegraphirt habe und daß dieser das nächstemal im „Ballo in maschera" singen werde. Die nicht beneidenswerthen Logen-Eigenthümer machten zu dem Allen das entsprechende Gesicht. Sieben Jahre keine Fenice, um im achten eine solche Oper anhören zu müssen! Und wir armen Forestieri, die wir acht Francs (!!) für einen Sitz geben mußten, um solches Zeug anzuhören! Da blieb nur die eine Hoffnung auf die — Festvorstellung am 8. November zu Ehren der Anwesenheit des Königs. Da wollte die Oper, ihren großen Trumph ausspielen, die italienische Oper, unsere deutsche Landsmännin Frau Witt als „Signora Wilda" in der Rolle der Norma vorführen. Eine Wienerin als rettender Opern-Engel eines venetianischen Theater-Publikums. Wie schön das sein muß! dachte ich mir. Wenn so in diesem Vereine von miserablen Sängern und Sängerinnen die Stimme der Signora Wilda, die in London und Berlin großes Gefallen erregt haben soll, siegreich sich Bahn bricht, und dann der König Viktor Emanuel überrascht fragt: „Wer ist die Sängerin? woher kommt sie?" und man sagt ihm: „Majestät, sie ist eine Wienerin!" der König sich aber hierauf abwendet und zu sich selbst sagt: „Alles aus Wien! Venedig habe ich aus Wien (freilich via Paris), jetzt ist diese einzige anzuhörende Stimme auch aus Wien!" — wie schön das sein muß! Zu schön für die Wirklichkeit, und meine landsmännische Brust kam gar nicht dazu, sich stolz zu heben. Der Tag der Festvorstellung ist da, keine Spur von einer „Norma," keine Spur von „Signora Wilda;" nichts als „Ballo in maschera" mit einem dritten Tenoristen in der Rolle des Herzogs und das alte Ballet — die „Carnevals-Abenteuer!" Und das zu Ehren des Einzugs des Königs!

Nun, ich muß sagen, diese „Presidenza" des Fenice-

Theaters ehrt die Anwesenheit des Königs ganz eigenthüm=
lich. Aber das ganze große Haus ist bereits längst aus=
verkauft — was will die Presidenza und was will der
Impresario mehr? Mir konnte es recht sein, denn ich ge=
hörte nicht zu jenen Théâtre-paré-Narren, die einen Sitz
an diesem Abende mit 10 und auch 20 Louis bezahlten —
man spricht sogar auch noch von horribleren Sperrsitz=An=
käufen — ich drängte mich bloß zeitlich genug an die Thore
der Fenice, um einen Stehplatz für 5 Francs zu erobern,
welche 5 Francs ich, im Hinblicke auf die vielen Gala=
Theater, die ich in den letzten Jahren in Wien, Paris,
London, Frankfurt (in letzterer Stadt bekam ich sogar nicht
bloß einen, sondern 32 Fürsten auf einmal zu sehen, gewiß
ein seltenes, außerordentliches Glück, das ich nur nicht ganz
zu schätzen wußte) genossen, als einen hinlänglichen Preis
für die Physiognomie dieses italienischen Gala=Theaters zu
halten mich berechtigt fand. Als ich meinen Platz hatte,
(es war erst halb Sieben und der Anfang der Oper um
Acht) fand ich hinlänglich Zeit, mich in dem glänzenden
Hause, in dem wir niedrig geborenen Parterrsteher ganz
allein noch waren, zum so und so vieltenmale umzusehen.
Wer würde in dem Gewühle von kleinen Straßen, die zur
Fenice vom Marcusplatz aus führen, und die, rechts und
links immer neu abzweigend, den Fremden immer und
immer in eine neue Serie von Labyrinthen gerathen lassen,
den Prachtbau dieses Fenice=Theaters vermuthen? Auf dem
Theaterplatze selbst schon angelangt, läßt einen die unbedeu=
tende Façade der Fenice durchaus nicht auf die Herrlichkeit
im Innern des Hauses schließen. Erst in dem schönen,
geräumigen hohen, auf Säulen ruhenden Foyer wird man

neugieriger, namentlich wenn man aus den schmalen, winkli=
gen Dunstkreisen dessen kommt, was man z. B. in Wien
Theater=Foyer nennt. Einmal darin, empfängt man erst
den ganzen, reinen, durch nichts getrübten Eindruck eines
der Muse würdigen, räumlich und physiognomisch herrlichen
Hauses. Die Fenice hat einen Weltruf, und es fällt mir
nicht ein, sie schildern zu wollen. Mich hat sie sogar, nach=
dem ich San Carlo in Neapel und die Scala in Mailand
schon gesehen, also zwei der schönsten Theater der Welt,
auf's Freundlichste, Angenehmste, Anregendste überrascht.
Es ist eine Heiterkeit über diesen mächtigen Saal der
Fenice ausgebreitet, die einen, und träte man in der trübsten
Stimmung hinein, so gründlich umzuwandeln im Stande
wäre. Ein fröhlicher Geist, der Geist alten echt venetiani=
Lebens muß die Erbauer und Ausschmücker dieses Opern=
hauses erfüllt haben, als sie da drin rüstig arbeiteten, im
Zusammenwirken von Licht und Farbe und Styl eine so
überaus geschmackvolle elegante Kunststätte zu Stande zu
bringen. So weit der Blick sich die fünf großartig ange=
legten Ränge entlang ausdehnt, begegnet er schönen Linien,
graziösen Formen, eleganten und zugleich stylvollen Maler=
und Dekorationsarbeiten. Wie imponirend der Anblick dieser
175 Logen ist, jede von ihnen reich und salongemäß einge=
richtet, mit Goldspiegeln und Kerzen versehen, ein ange=
nehmer, bequemer Aufenthalt für die elegante Welt! 1791,
also schon in der Zeit des Verfalles der Republik, baute
man das glänzende Haus. Bis zu dieser Zeit, von 1637 an,
wo die Oper in Venedig zu floriren begann, spielte man
im Theater di San Cassiano. Welche Triumphe der Kunst
und der Künstler hat dieses Haus der Fenice schon gesehen,

in der Zeit vor dem großen Brande 1836 und dann wieder in seiner verjüngten, jetzigen Gestalt! Das waren die schönen Zeiten der italienischen Oper, die Zeiten der Pasta, Malibran, der Catalani, Grisi, Grassani, Colletti, die da ihre colossalen Triumphe feierten und die Venetianer zu dem ausschweifendsten Enthusiasmus brachten — wo sind sie, diese Zeiten? Die liebe Mittelmäßigkeit wird sich auf den berühmten Brettern der Fenice breit machen, daß es ein Jammer sein wird, denn die Catalani's, Malibran's gedeihen nicht mehr, und die Patti's und noch anderes Sehenswerthe treiben sich für schweres Geld und gute Worte überall, nur nicht in Italien herum. Aber da verplaudern wir die Zeit und vergessen, daß wir nun den Mund dem Auge unterthan machen müssen, das zu thun bekommt, denn bereits hat das Haus an seiner festlichen Physiognomie zu arbeiten begonnen.

In die Logen aller Ränge ziehen bereits die guten und besseren und besten Familien Venedigs ein. Seide, Sammt und Gaze rauschen fort an mein Ohr; Venedigs feine Gesellschaft findet sich zum ersten Male seit vielen, vielen Jahren wieder in dem Lieblingshause zusammen. Venedigs schöne Frauen, sie haben lange genug ein gesellschaftlich vereinsamtes, zurückgezogenes Leben geführt. Nun sind sie wieder da, in aller Schönheit ihrer Gestalt, in aller Fülle ihrer runden Formen, mit dem Feuerglanz ihrer Augen und den sinnlich heiteren Zügen. Wie das funkelt aus Hunderten großer Frauenaugen! Und da stehen wir mitten im größten Feuer, und es fällt uns wahrlich nicht ein, zu löschen. Wer ist diese hohe schöne Gestalt da? Sie tritt so eben in eine Loge des ersten Ranges. Der rothe, reiche Mantel fällt von ihren

Schultern und zeigt die vollendetsten, formreinsten Linien, eine Rundung, eine Carnation ohnegleichen. Ist eine von den Schönheiten, die man in der Accademia delle belle Arti sieht, aus dem Rahmen getreten und zu Ehren des Königs in diese Loge hier gekommen? Bei Gott, nicht mit Unrecht genießt dieses Weib in Venedig den Ruf — des schönsten Weibes, des schönsten Weibes in Venedig! Das will noch mehr sagen. Wo immer es auch wäre, dieses Weib müßte das schönste immer und immer sein! Neben dieser von der Natur in höchster Plastik gebildeten Büste, neben diesem allen Adel, alle Hoheit, alle Formreinheit, kurz alle vergeistigte Schönheit der Antike in sich vereinigenden Kopfe — was kann noch ebenbürtig neben ihnen bestehen? fragt man sich, ganz berauscht von diesem Anblicke. Und wer diese Frau ist? Die Fürstin Giovanelli, eine geborne Römerin, eine Chigi, Schwester des Cardinals gleichen Namens, die Frau des reichsten venetianischen Cavaliers, eines Principe, den man in Venedig auf zwanzig Millionen schätzt. Ganz Italien hallt wieder von dem Rufe dieser Schönheit, und der Ruf ist ein begründeter. Es ist fast eine Sünde, nach dem berauschenden Anblick, den die Fürstin Giovanelli gewährt, auch noch andere Frauen in der Fenice anzusehen. Aber ich bin schon ein solcher armer Sünder und wende meinen Blick weiter. Eine Fülle schöner Frauen sendet da aus den Logen sämmtlicher Ränge ihre Reize aus, man bewegt sich gleichsam wie in einer Galerie lebendiger Tizianischer Frauenköpfe. Diese Blondine hier mit dem dunklen, vielsagenden Blicke und den üppig geschnittenen Mundlinien, wie reizend und anmuthig! Diese vollen, geschlossenen Lippen gleichen einem Buche mit sieben Siegeln, aber einem wollüftigen Buche. Wer nur darin lesen mag! Mein Nachbar nannte mir den Namen, aber in meinem Rausche vergaß ich ihn. Was hätten die Leserinnen auch mit dem bloßen Namen? Es war auch die Tochter eines Principe. In einer Loge ersten Ranges haben wir ein ganzes Bouquet anmuthiger, reizender Frauengestalten. Da sind die beiden Contessen Persico, liebliche Engelsgesichter voll Frische, Jugend und Heiterkeit. Sie haben, ganz wie das Lied sagt, die schönsten Augen und Diamanten und Perlen auch in Hülle und Fülle — „mein Herz, was willst du noch mehr?" Neben ihnen strahlt, wenn auch nicht mehr in voller Blüthe, so doch noch immer auffallend genug, die Gräfin-Mutter Persico, einst die Giovanelli ihrer Zeit. Sieht man diese Venetianerinnen, dann steigt so recht die alte glanzgesättigte Vergangenheit Venedigs mit ihren Abenteurern und verführerischen Weibern vor dem Auge auf. Man sieht die alten berühmten Schönheiten der Dogenstadt vorüberhuschen in ihrer Unwiderstehlichkeit und Grazie, da Catarina Cornaro, die mährchenhaft schöne Cypernkönigin, da Bianca Capello, die sich nach Florenz entführen ließ. Des Dichters wunderbare Venetianerin, Brabantios Tochter, Desdemona, ist auch da und man begreift, daß zu wiederholten Malen im alten Venedig Raubzüge nach Venedigs schönen Töchtern angestellt worden. Vorbei, vorbei! Die heutige Zeit ist solch Unternehmen nicht günstig, und ich habe kein Talent zum Piraten und würde, entführte ich eine dieser Schönheiten der Fenice, noch rascher eingeholt auf den Lagunen, als die kühnen Männer, die Anno 980 eine Anzahl schöner Mädchen aus der Kirche von San Rocco oder Stefano weg auf ihre Schiffe geschleppt, mit ihrer schönen Beute nicht weit kamen.

Bleiben wir also beim bloßen Besehen! Die Nobili Venedigs haben sich vollzählig eingefunden. Da sind auch die jungen Grafen Papadopoli, der eine von ihnen eine schneidige, leidenschaftliche, erregte Physiognomie, ein Tintoretto-Kopf. Ihre Reichthümer wollen Einige noch über die der Giovanelli's setzen. Aber halt, ich muß ihnen noch eine interessante Dame zeigen, da die feine Gestalt in der Loge links, im zweiten Range. Dieses kleine, blasse Gesichtchen mit den tiefsinnigen Augen gehört keiner Italienerin, sagt man sich auf den ersten Blick. So ist's auch. Das ist die Tochter des einstigen österreichischen Ministers Ficquelmont, eine Wienerin und Gemahlin des Fürsten Clary, der einen der schönsten Paläste am Canal grande hat. Die Fürstin war selbst zur Zeit, da die venetianische Noblesse aus politisch-nationalen Rücksichten den Umgang mit der österreichischen Aristokratie mied, eine gern gesehene Erscheinung in den Kreisen des venetianischen Adels. Sehen Sie den alten Herrn dort neben der Königs-Loge? Ein interessanter Kopf, voll Energie, die nur von einem diplomatischen Lächeln überzuckert erscheint. Das ist einer der Mocenigos, die noch am Leben sind und deren altherrliche Familie einst Venedig so manchen Dogen gegeben; ein Bruder desjenigen Mocenigo, der sich von Italien losgesagt, längst schon in Baden bei Wien seinen Wohnsitz hat und fern von aller Politik den Freuden eines Verwaltungsrathes der Südbahn lebt. In dieser Loge sitzt neuer Adel — die Familie Treves, jüdischen Ursprunges, das Oberhaupt ein Kunstfreund, in dessen schönem Palazzo am Canal grande so manche herrliche Arbeit alter und neuer Meister hängen soll. Die jüdische Aristokratie stellte noch sonst ihr Contingent, die Familien Levi und Blumenthal schickten auch ihre Damen zur Huldigung in's Theater Fenice. Wer will sie noch alle aufzählen, die männlichen und weiblichen „Spitzen" der venetianischen Gesellschaft? Sie erheben sich alle soeben, denn der König ist in seine schöne, üppig mit Gold bedeckte Loge eingetreten, mit ihm die Prinzen Amadeus, Humbert und Carignan. Nun fährt der Empfangssturm mit italienisch wildem Gebrause wieder durch's Haus, alle Stimmen, alle Tücher, alle Hüte sind losgelassen. Das schreit und schwenkt und schwenkt und schreit ohne Unterlaß, mehr als zehn Minuten hindurch. Zu wiederholten Malen muß der König seine etwas derbe Gestalt für unzählige Bücklinge einrichten, immer wieder an die Logenbrüstung treten und von Neuem für den Empfang danken. Ach, wer kennt nicht den gewissen Styl solcher Empfänge, und wer weiß es nicht, wie ermüdend er für den jeweilig Gefeierten ist. Nimmt man hier nur noch das dreifache Maß, mit dem der Italiener bei solchen Gelegenheiten mißt, und der Festlärm ist fertig. Ich vertrieb mir hierauf — da ich mir fest vornahm, auf die miserable Opernaufführung gar nicht zu achten — die Zeit mit physiognomischen Studien, die ich an den König, seinen Söhnen, den Ministern, Diplomaten und vielen anderen interessanten Persönlichkeiten, die mir so nahe gerückt waren, machte. Ich war nicht im Stande, über zwei Akte der Oper hinaus noch im Hause auszudauern. Der König hielt sogar das ganze Ballet noch aus. Dafür ist er der König!

VI.

Zur Charakteristik Viktor Emanuel's.

(Eine Pause. — Viktor Emanuel als Fremder in Venedig. — Eine Gondelfahrt des Königs. — Von Padua nach den Lagunen. — Der ungläubige Barkarole. — Die Geschichte vom rothen Stein San Marcos. — König und Patriarch. — Die Venetianer und der Pabst. — Der furor poetico. — Kleine Anekdoten. — Eine Episode von der Hoftafel. — Südliche Ovationen. — Die patriotische Bettlerin.)

10. November.

Eine Pause in der sinnverwirrenden Folge von Festnächten — wie wohlthuend! Dieser Rausch von Schönheit, Großartigkeit, Festglanz und Begeisterung begehrt auch mit Ungestüm nach Ruhepunkten. Man kann nicht fortwährend Nektar und Ambrosia genießen, ohne eben die Constitution von Göttern zu haben. Selbst der König scheint dieser Meinung, er hat sich diesen Ruhetag eigens ausgebeten. Er will Venedig einmal ohne alle decorative Märchenpracht, in seiner hohen poetischen Schönheit zu sehen bekommen, das von Natur und Kunst so romantisch decorirte Venedig. Er benutzt auch redlich die Tageszeit, um der alten Lagunenstadt schönste Denkmäler und Kunstschätze, ihre wunderbaren Gotteshäuser und Paläste zu sehen. Ist er ja in dieser Beziehung selbst nicht mehr als ein „Forestiere." Er hat Venedig früher nie gesehen und die märchenhafte Königin der Adria ebenso nur vom Hörensagen gekannt, wie alle die Hochzeitsreisenden, die hierherkommen, um ihre Flitterwochen

am Canal Grande zu verbringen. Vor Wochen zum ersten
Male hatte er den köstlichen Anblick Venedigs aus der Per-
spektive des Meeres. Es war bald nach der Schlacht von
Königgrätz, die Oesterreicher fingen an, das italienische Land
nach und nach zu räumen, da ihr Kaiser das alte Danaer-
geschenk, Venedig, weiter nach Frankreich schenkte. Padua
war bereits von der italienischen Armee besetzt und Viktor
Emanuel daselbst angekommen. Unwiderstehlich trieb den
König die Sehnsucht in die Nähe seiner neuen Errungen-
schaft. Diese Sehnsucht war nicht von gestern und vorgestern. Die Gedanken — und nicht allein politische —
des Königs trieben schon lange um den Juwel der Lagunen
herum, hatte er doch die stille Neigung für Venedig von
Carlo Alberto, dem Vater, geerbt. Nun war er so nahe
der geliebten Stadt und sollte sie doch nicht sehen, weil sie
noch nicht diplomatisch verbrieft in seinen Besitz übergegan-
gen war! Er wollte nicht nach Florenz zurück, ohne der
bella Venezia einen stillen Besuch abgestattet zu haben.

Von Padua aus erreicht man zu Wasser in kurzer Zeit
die Nähe der Lagunenstadt. Die Studenten Paduas
haben diese Tour zum öftesten schon gemacht — warum
sollte Viktor Emanuel es nicht auch versuchen? Er nahm
eines Tages ein Boot und bestieg es incognito. Woran
sollte ihn der Bootsmann erkennen? An dem Schnurrbart?
Der ist ja jetzt bei vielen Italienern Mode! Und so führte
der Mann, ohne es zu wissen, seinen König den Lagunen
zu. Die Fahrt ging anfangs still vor sich, dann knüpfte
sich auch ein Gespräch an, und der König lernte so manchen Wunsch der Italiener aus Volkes Munde kennen. Als
das Boot an den Lagunen war und von ferne die märchen=

hafte Wasserstadt zum ersten Male vor Viktor Emanuel auftauchte, als der Thurm von San Marco, der alte Campanile und die Säulenwunder der Piazzetta und des Dogenpalastes in sanften, durch die Ferne nur noch mehr verzauberten Linien vor ihm dalagen, da erfaßte den König ein Gefühl sondergleichen. Thränen standen in den verklärt blickenden Augen und mit leidenschaftlichem Pathos rief er aus: „O que bella!" Der Bootsmann war nicht überrascht, diesen Zustand und diese Expektoration hatte er an vielen Leuten bereits, die er von Padua aus gen Venedig gerudert, zu beobachten Gelegenheit gehabt.

Da stand der König plötzlich von seinem Bänkchen auf und sagte zu ihm: „Alter Bursche, siehst Du dort das schöne Venedig, in vier Wochen zieht dort der König von Italien ein!" — Der alte Bursche machte eine ungläubige Miene und sagte: „Excellenza, ich glaub's nicht, bis ich's nicht sehe, ich hab's schon zu oft geglaubt und es ist nichts daraus geworden, ich glaub's nicht, bis ich's nicht sehe, Excellenza." — Was machte er aber für ein erstauntes Gesicht, als er seinen Passagier nun sagen hörte: „Dein König sagt Dir's, und es wird sein!" Damit war es aber noch nicht „basta", der Bootsmann nahm die königliche Bekanntschaft, nachdem er sich von seinem Erstaunen wieder erholt, ehrerbietigst entgegen, aber er sagte es denn doch noch einmal: „Ich glaub's nicht, bis ich's nicht sehe!" Dem König gefiel diese starre Ungläubigkeit dieses alten Barkarolen und als er ihn zurückrudern hieß, sagte er ihm, er möchte sich am Tage des Einzuges bei ihm in Venedig melden. Und es vergingen nicht einmal vier Wochen, und Viktor Emanuel zog in Venedig ein und der ungläubige Thomas sah seinen Mann, den er von Padua nach den Lagunen gerudert, jetzt nun ganz anders an der Piazzetta anfahren. Und gestern machte er seine Aufwartung im Palazzo reale, wo er für seinen nunmehrigen Glauben 20 Louis aus des Königs eigenen Händen erhielt. Jetzt glaubt der Alte nicht nur an den Einzug, sondern noch an Einiges mehr.

Für 400 Francs glaubt ein italienischer Barkarole an das Unmöglichste. — Der König, wie gesagt, macht nun die Touren eines jeden Fremden, der nach Venedig kommt. So hat er sich gestern im Dogenpalast umherführen lassen, ist über die „goldene Treppe" und die „Treppe des Giganten" gegangen, hat den Saal „der vier Pforten" gesehen und die Herrlichkeiten der altvenetianischen Kunst-Industrie und das Museum und das Pantheon. Er hat die schöne Kirche San Giovanni gesehen, die „Scuola dei Frari" und die anstoßende Kirche San Rocco, beide voll von den schönsten Tintorettos, bewundert; er ist zum Arsenal hinaufgestiegen, wo die alten komisch wirkenden Löwen stehen, von denen der eine einem apportirenden Pudel gar so ähnlich sieht. Man sieht, Sr. Majestät macht Alles durch, was jeglicher Fremde hier durchmacht. Gestern kam der König wieder einmal in San Marcos herrliche Hallen. San Marco ist auch dem König, wie es scheint, werther, als Alles. Es vergeht kein Tag, wo er nicht einmal seinen Fuß hineinsetzt, um die herrlichen Capellen San Isidoro, de Mascoli, die Sacristei, das so wirksame Gemisch von allerlei Säulen-Ordnungen, die kostbaren alten Mosaiken und was noch Alles schön ist an dieser Stätte zu bewundern, immer von Neuem zu bewundern. Das zu hören wird die eclesia militans gewiß freuen. Sie hatten sich den

König-Ketzer, der die Klöster abschafft, gewiß nicht so vorgestellt. Ob aber auch das Nachfolgende, was man sich in Venedig von einem solchen Kirchengange Viktor Emanuels erzählt hat, ihr Herz erquickt haben wird, das wage ich zu bezweifeln. Es ist die Geschichte vom rothen Marmor in San Marcos Dome, die ich hier erzählen will. — Der König schritt also wieder einmal durch die stolzen Hallen San Marcos, nur begleitet von den Prinzen Humbert und Carignan. Baron Ricasoli, dem Conservator des Dogenpalastes und dem Patriarchen. Beim Austritt fesselte das Auge des Königs in der schönen, buntsteinig gewürfelten Vorhalle ein großer rother Marmorstein, der so ganz eigenthümlich die Mosaik des Fußbodens plötzlich unterbricht. Er bleibt vor der Marmorfläche stehen und fragt: „Was ist's mit diesem Stein? Was knüpft sich für eine Erinnerung Venedigs an ihn?" Der Conservator stutzt einen Augenblick, wie zurückhaltend; der König merkt, daß der Conservator was zu erzählen habe und es nicht will. Er fragt nochmals: „Was ist's mit der Geschichte dieses Stein's lieber Doctor Fabbris?" Der Conservator beginnt zögernd: „Auf diesem Steine huldigte dem Pabst Alexander III. der mächtige Kaiser Barbarossa im Jahre 1177." Aber kaum waren diese Worte heraus, da nahm der Patriarch höchst geschäftig das Wort und erzählte die Geschichte dieses Steines mit großer Ausführlichkeit und einer gewissen Liebhaberei. Er erzählte, wie der von Friedrich Barbarossa vertriebene Pabst Alexander III. ruhelos in Italien, Frankreich und Deutschland herumgeirrt war, und wie ihn durch 18 Jahre hindurch die mächtige Hand des deutschen Fürsten immer von Neuem zu erreichen drohte; wie er eine Zeit lang auch

in Venedig unter dem Namen eines armen Mönches im
Kloster della Carità, dort wo jetzt die Accademia jenseits
des Canal Grande steht, verborgen lebte, sich aber,
nachdem sich die stolze Republik gegen den deutschen
Kaiser widerspenstig zeigte, aus seiner Anonymität heraus-
wagte und sich Venedig als Papst zu erkennen gab; wie
dann die Republik ihre Geschwader gegen Friedrich aussandte
und es in den Gewässern von Istrien, bei Parenzo,
zum mörderischen Kampfe kam, aus dem, unter des Dogen
Sebastiano Ziani Anführung, Venedigs Flotte als Siegerin
hervorging. Es war kein Wunder, erzählte der Patriarch
weiter, daß Venedig siegte; es mußte siegen, denn der Papst
Alexander hatte den Dogen Ziani gesegnet. Nun war das
Unterhandeln Sache Friedrichs. Der Kaiser mußte den
Gegen-Papst fallen lassen, Alexander anerkennen. Es ward
ein großer Congreß in Venedig zusammenberufen. Friedrich
nahte sich der stolzen Dogenstadt. Ehe er aber einfahren
durfte, mußte er den Cardinälen, die ihm Alexander entge-
gengeschickte, den Unterwerfungseid leisten, erst dann ward der
Bann vom Haupte des Kaisers genommen und er wieder
zum Sohne der Kirche gemacht. Aber alle Demüthigung
war hiemit noch lange nicht zu Ende. Des anderen Tages
kam eine noch größere über ihn. Ganz Venedig war auf
dem Marcusplatze versammelt, Friedrich, umgeben von seinem
Staate und den Gesandten, sollte seinen Einzug in San
Marcos Hallen halten. Er schreitet im Purpurkleide, die
Kaiserkrone auf dem Haupte, die Treppen von San Marco
hinan. Hier auf diesem rothen Steine kniet er entblößten
Hauptes vor dem thronenden Papst nieder, Alexander hebt
seinen Fuß und setzt ihn auf das entblößte Haupt Barba-

rossa's. „Non tibi, sed Petro"! sagt der gedemüthigte Kaiser, mit stolzem Lächeln das Haupt wieder erhebend. Da setzt der Papst nochmals und nun noch fester seinen Fuß auf des Kaisers Haupt, rufend: „Mihi et Petro"! — „Majestät," so endigte der Patriarch seine ausführliche Erzählung, deren letzten Theil er mit einem gewissen Grad von Leidenschaftlichkeit vorgetragen, „ hier auf diesem rothen Marmor ward des größten deutschen Kaisers anti=päpstlicher Trotz vom Papste selbst gebrochen, und der Mann, vor dem alle Welt zitterte, und der Mailand in den Staub gelegt, mußte hier endlich doch sein Knie vor dem Statthalter Christi beugen." Viktor Emanuel hörte dem Vortrag des Patriarchen, der ihn so bis in's Einzelne in die Geschichte dieses rothen Marmors von San Marco, deren Erzählung ihm so großes Behagen zu bereiten schien, einweihte, sinnend zu, dann erhob er sein Haupt und sagte, sich zu dem Minister=Präsidenten umdrehend: „Tempi passati! Nicht wahr, lieber Baron? Tempi passati!" Rasch wieder zu dem Patriarchen gewendet, sagte der König wie mit dankender Miene dann nur noch: „Ich danke Ihnen für die Erzählung; der Stein ist merkwürdig, aber die Geschichte hat keine Pointe für mich." Und hierauf ging er mit den Seinen von dannen. —

Das ist freilich kein Wasser auf die Mühle der Leute, die für die weltliche Herrschaft des Papstes schwärmen und die Unabhängigkeit der Menschheit vom römischen Vatikan nicht zugeben wollen. Dieses „Tempi passati" des Königs ist nur ein Pendant zu dem „Rom oder der Tod" der Demokraten. Die gewisse oppositionelle, die nationale Sache perhorrescirende Haltung des hiesigen Patriarchen, die in diesen Tagen schon zu wiederholten Malen hervortrat, hat sich in obiger Erzählung Luft gemacht. Konnte es für den Patriarchen von Venedig, der vor einigen Tagen die Tricolore auf seinem Palais nicht dulden wollte, eine zeitgemäßere Erzählung von der Macht des Papstthumes auch gegenüber den Höchstgeborenen dieser Erde geben, als die Geschichte von dem rothen Marmor in San Marcos Vorhalle? Wie vereinsamt aber diese patriarchalische Opposition, die freilich nur im Dunklen spielen kann, hier in Venedig ebenso wie im übrigen Italien dasteht, davon kann man sich täglich überzeugen. Welch ein Jubel brach los, als die römischen Deputirten am Einzugstage auf einer Gondel des Municipiums die Bandiera der Siebenhügelstadt, die Fahne der Stadt Rom, mit dem wallenden Trauerflor geschmückt, daherbrachten und sie vor den Augen Viktor Emanuels mit den Worten senkten: „Sire, la bandiera di Roma vi salute e spera che presto le togliereto il bruno"! Und Viktor Emanual soll ihnen diese ausgesprochene Hoffnung durchaus nicht benommen haben. Er soll in hohem Grade erregt gewesen sein, und als er hierauf in den Dom schritt, zog ihm die Fahne Roms zum Tedeum voraus in den Dom. Ich weiß nicht, ob sie der Patriarch bemerkt hat. Das aber weiß ich, die Venetianer jauchzen ihr zu, wo sie ihr immer begegnen, und Viktor Emanuel hat von seinen Venetianern schon heute die vollste Zustimmung zu Allem, was er thun wird, um der Fahne Roms ihren Trauerflor zu nehmen. Die weltliche Herrschaft des „Papa" scheint auch den untersten Schichten der Gesellschaften hier nicht einleuchten zu wollen. So manche Lieder, die hier auf dem Marcusplatze des Abends zur Harfe erklingen, zeugen dafür. In patriarchalischen

Rythmen bewegen sich diese Lieder, wie ich versichern kann, nicht.

Weil ich einmal beim Liebe angelangt bin, so will ich auch erwähnen, daß die hochgehende Woge nationaler Begeisterung hier einen wahren Furor poetico im Gefolge hat. Ein jeder Tag bringt neue Sonette, Canzonen, Akrosticha auf den „Re galantuomo" und auf die Italia unita. Die Dichter solcher Gelegenheitsgesänge wachsen in Venedig wie die Pilze, sie begnügen sich auch nicht, wie unsere heimischen Festbarden, mit dem Abdruck ihres guten Willens in einem kleinen Localblättchen, o nein, ganz Venedig muß ihre Gefühle kennen lernen. An allen Läden des Marcusplatzes, an allen Pfeilern der Procuratien, an den Außenwänden der Café's kleben diese Gedichte zu Jedermanns Bedienung. Der Palazzo-Reale selbst wird nicht von ihnen verschont. Wenn der König die schönen Treppen seines Palastes, von welcher Seite immer, herabgestiegen, so kann er sich schon unter den Thoren so überschwenglich, als nur möglich Schwarz auf Weiß gelobt lesen. Wenn er nun herausgetreten unter die Procuratien, singen ihm dann die Venetianer mit eigener Stimme und nicht weniger überschwenglich sein Lob. Das braust dann ihm mächtig um's Ohr, so weit er auch immer geht. Viktor Emanuel geht hier immer zu Fuß und verschmäht fast regelmäßig die Hilfe seiner schmucken Gondel. Man rühmt dem König größte Einfachheit der Formen im Umgange und ein höchst einnehmendes, ja sogar zuvorkommendes Wesen nach. Der Ton bei den Hoftafeln, zu denen gewöhnlich der Podesta, einzelne Munizipalräthe, der königliche Commissär, die Minister, Generale der Garnison, einzelne, hervorragende Nobili und auch Celebritäten des Bürgerstandes geladen sind, ist der ungezwungenste, den man sich denken kann, der König übernimmt es oft selbst, seine Gäste zu erheitern, er erzählt, lacht, scherzt und weiß immer neue Würzen für die Tafel zu finden. Von einem Ceremoniel des Sitzens, Essens und Aufstehens, wie es an anderen Höfen herrscht, soll gar keine Rede sein. Man erzählt mir Folgendes: Bei der Tafel am Mittwoch — es war die erste in Venedig — ging es recht heiter her; Ricasoli, Ratazzi, der Podesta von Mailand, General Della Rocca waren anwesend. Der Champagner wurde eben eingeschenkt. Von unten auf dem Marcusplatze drangen die Freudenschreie des Publikums in den Saal hinauf; das Volk war unermüdlich in seinem weithin dröhnenden, lärmenden Verlangen nach dem König, und die Salven von Evvivas und die Rufe: „Vittorio Emanuele"! drangen mächtig anstürmend an den königlichen Tisch. Niemand wagte es natürlich, den König an die Rufe zu gemahnen, war doch der Lärm selbst Mahnung genug. Der König sprach gerade von dem herrlichen Bilde, das ihm am Mittag am Canal grande und der Piazzetta ward, und das ihm unvergeßlich bleiben werde; da sprang er plötzlich in der Rede von seinem Sitze auf und sagte: „Entschuldigen Sie, meine Herren, einen Augenblick; ich muß zu meinem Volke!" Der nächste Moment fand ihn auch draußen auf dem Balkon des Speisesaales, wo er sich seinen Venetianern zeigen mußte.

Die Popularität des Königs übersteigt hier schon das Maß des Gewöhnlichen, das Maß dessen, was sonst beliebten Regenten an Zeichen von Liebe von Seiten ihres Volkes zufließt. Der Italiener ist ungestüm in seiner Liebe, wie in seinem Hasse. Was geschah vorgestern? Als der König dem Dogenpalaste zuschritt, durchbrach plötzlich die vollen Reihen der angesammelten Neugierigen ein altes Weib (die jedenfalls mehr Patriotismus im Leibe als Kleider auf demselben hatte), stürzte sich so rasch, daß es nicht zu verhindern war, auf den König und seine Füße umschlingend und sie küssend, ruft sie laut, wie mit dem Ausdrucke einer Seherin: „Viva il Re! Viva l'Italia!" Und nachdem sie dies gethan, ist sie rasch wieder in den Reihen verschwunden. Das ganze umstehende Volk aber reißt den König aus seiner Ueberraschung und Verlegenheit heraus, indem es nun den Ruf des alten Weibes recht nachdrücklich wiederholt. Der König fällt nun auch, den Hut schwenkend, laut und vernehmbar in den Ruf' „Viva l'Italia" mit ein und setzt seinen Gang fort.

VII.

La Maschearata.

(Zauberworte. — Die Männer von Chiozza. — Massenleben auf dem Marcusplatz. — Getäuschte Hoffnungen. — Ein paar Figuren. — An den Carneval von Venedig. — Reboute in der Fenice. — Charakter derselben. — Der Saal. — Beleuchtung. — Maskirtes und Nichtmaskirtes. — Reichthum und Schönheit in den Logen. — Noch einmal die Fürstin Giovanelli. — Die Gräfinnen Persico. — Contessa Negrelli. — Baronin Morello. — Madame Ulbaldino-Peruzzi. — Gräfin Gurieff. — Eine Circusreminiscenz. — Madame Ratazzi und ihr Collier. — Gräfin Murando. — Eine Nachfolgerin der Rosina. — Königliche Beziehungen. — Vom Hof. — Die Prinzen Umberto und Amabeus. — Prinz von Carignano. — Marquesa di Gattinara.

11. November.

"Mascherata und Cavalchina" — das sind Zauberworte, bei deren Nennung jeder Venetianer, jede Venetianerin Haus und Hof im Stich läßt und auf den Marcusplatz eilt. Von den letzten Punkten der Lagunenstadt kommen sie herbeigeeilt mit Weib und Kind, ja das weiter hinaus über dem Lido liegende Malamocco, dann Barbolo und Chiozza müssen auch dabei sein. Nimmt man hierzu die 100,000 Fremden, die Venedig nach den Angaben seiner Blätter derzeit haben soll, — aus ganz Italien sind Extrazüge hier angelangt — und man hat ein Bild davon, wie sich's gestern gegen Abend auf dem Marcusplatze und den ihn umkreisenden Straßen und Plätzen gehen ließ. Die liebe Noth der

Füße steigert sich von Stunde zu Stunde — wenn die schöne Stadt auch noch Wagen und Pferde im Bereiche ihrer Mauern hätte, wenn sie mit Wiener Fiakern gesegnet wäre! Da gäbe es zu überfahren! Es ist 7 Uhr, und von meiner Warte im „Hotel Bellevue" sehe ich eine mächtige Menschenmenge nach der anderen den Marcusplatz sich hinaufwälzen. Plötzlich ein massenstimmiges Halloh und Musik und ein Schreien und Schnarren, daß die Luft stutzig werden müßte — ein Maskensignal! Eilen wir hinab, d. h. lassen wir uns, einmal auf dem Marcusplatze angelangt, hübsch langsam vorwärts tragen von der Menschenmasse. Was ist's nur? Eine Unzahl schnarrender „Rrrrr" zieht über unsere Häupter hinweg, sie brechen sich sogar durch die laute Musik noch Bahn zu unserem Ohr. Was es ist? Die Männer von Chiozza sind angekommen und marschiren, an der Spitze ein Musikcorps mit sich führend, in ihren bunten, mitunter recht schreienden Costümen zum Palazzo Reale. Schöne Gestalten, interessante Köpfe, wild energische Physiognomien — Leute, die in einer Revolution verdammt unangenehm werden können! Heute ist Fröhlichkeit, Jauchzen, ihr Thun, sie kommen ja um keinen Thron zu stürzen, nein, sie kommen im Gegentheil einen neuen König zu begrüßen. Daß man aus der Ferne ihre Lust als das Gegentheil ansehen, daß man glauben könnte, sie hätten alles Mögliche im Sinne, nur nicht dem neuen Könige einige Hochs auszubringen, das ist nicht ihre Schuld. Warum hat ihnen Gott solche Stimmen gegeben! Nun haben sie sie einmal, nun machen sie auch von ihnen Gebrauch und erheben ein solches Geschrei vor den erleuchteten Fenstern des Palazzo Reale, daß der liebe Re galantuomo

herauskommen muß, um die Bekanntschaft der Chiozzaner
zu machen. Ich glaube, diese Leute zwängen sogar den lie=
ben Gott, vor ihnen zu erscheinen und sich zu verbeugen,
wenigstens gäben sie lange den Versuch nicht auf. Und da
sollte Viktor Emanuel widerstehen? Da ist er schon auf
dem Balcon, verneigt sich auf's Galanteste, und geht dann
wieder, begleitet von neuem „Viva-"Heulen der Chiozzaner,
durch die Balcon=Thüre in seine Gemächer zurück. Die
Chiozzaner haben ihre Schuldigkeit gethan und gehen nun
wieder. Auf dem schön erleuchteten Platze ist es indeß auch
ohne Chiozzaner lebhaft geworden. Die Musik der Guardia
nazionale spornt nur noch die Fröhlichkeit der Massen
mehr an; schon zeigen sich einzelne Maskenzüge.

Immer ist deren Erscheinen von einem eigenthümlichen
Schnarren der Menge angekündigt, dann geht der Ruf:
„Maschere, Maschere!" von Mund zu Mund, und Alles
drängt und stößt dem Punkte zu, auf dem das Masken=
signal hörbar ward. Leider muß ich sagen, daß ich, so oft
ich dem Signale folgte, von dem Vorgefundenen nicht sehr
überrascht war. Hier fand ich einmal einen versprengten,
ziemlich abgeschlossenen Dottore in gesticktem Frack, mächti=
ger weißer Cravatte und einer stupiden, häßlichen Larve,
der die umstehenden ankreischte, daß sie ihm auszuweichen
genöthigt waren. Ein andermal stieß ich auf einen armen
Teufel, dessen Gefährten ich schon einigemal auf heimat=
lichen Theatermaskenbällen begegnet und deswegen ich gewiß
nicht nach Venedig gekommen bin. Ein drittes Mal ging es
mir noch schlechter — da stand ich einem Mann gegenüber,
der eigentlich recht komisch aussah. Auf seinem erklecklich
hohen Cylinder aber hatte er ein brennendes Licht aufge=

steckt, das eine große Inschrift des Hutes zu beleuchten
hatte. Und was stand auf dem Zettel in großen Lettern
angeschrieben? „Stolti Barbari Austriaci" — so fing der
Zettel an, das Uebrige mochte ich aber nicht lesen. „Da
muß ich bitten," rief ich im Namen und Style aller echten
Wiener aus, natürlich nur still für mich hin und ging wei=
ter. Ich hatte genug und war schon hinlänglich geschmei=
chelt. Wußte ich ja doch, wen man unter „Austriaci" zu
verstehen hatte. Einmal aber fand ich mich einem recht
ergötzlichen Maskenzuge gegenüber. Eine Schaar alte Wei=
ber zog mit einem ganz heillosen Geschnatter an uns vor=
über, es waren die besten Carricaturen, die man sich nur
denken kann. Aber sie standen sehr vereinzelt auf dem
Marcusplatze da mit ihrem Witz im Aussehen und ihrer
ansteckenden Heiterkeit. Ich dachte mir anfangs: es ist noch
viel zu zeitlich, es kommt noch und ergab mich in Geduld
den zahllosen Drangsalen, die der Platz verursachte. Aber
es wollte nicht besser kommen, immer eine oder die andere
Maske, ein Domino, ein Harlekin oder sonst was Gewöhn=
liches, was so den Hausbrauch deutscher Maskenbälle gewöhn=
lich ausmacht. Bin ich im Lande der classischen Masken,
im Lande der Charaktermasken, oder nicht? Carneval von
Venedig! Ich kenne Dich nur aus den Flageolet-Tänzen der
Ernst'schen Geige, ich will ein Stück von Dir, wenn auch
außer der Zeit, an Ort und Stelle in's Menschenleben
übersetzt sehen; erscheine, erscheine! Muß ich es dreimal
sagen? — Ich citirte ihn umsonst, er wollte nicht kommen,
der alte herrliche Carneval von Venedig. Ja, was ist's
denn mit Dir, Cavalchina? Wo seid Ihr altclassischen Mas=
ken des venetianischen Carnevals? Wo seid Ihr Harlekin,

Colombina, schwätzender Doktor, die Ihr sonstlustverbreitend im tollen Laufe über die Piazzetta und den Platz von San Marco dahinjagtet? Wo bist Du, Brigghetta und Du vortrefflicher Truffaldino? Und Du, Wunderdoktor von Venedig? Keine Spur ist von ihnen, und ich freute mich so, sie wirthschaften zu sehen zwerchfellerschütternd und mit Heiterkeit ansteckend. Und wo seid Ihr, reizende Carnevaldamen, die Ihr in schönsten Costümen, das Lärvchen vor den feinen Zügen, die Straßen Venedigs einst bevölkertet? Kinder der Dogenstadt, wollt Ihr Euch nicht Eurem Könige auch einmal zeigen, wenn Ihr am Tollsten seid und die alten Spott- und Lachteufel des alten Carnevals von Venedig Euch im Leibe sitzen?

Mir scheint, sie haben die alte Tonart vergessen durch die Jahre hin, da sie aus politischen Gründen den Carneval nicht anerkennen wollten. Sie müssen sich erst wieder darin finden, ehe sie darin auch wieder die Alten werden. Oder ist ihnen der November noch nicht die rechte Zeit? Das Municipium schreibt eine Cavalchina und Maskerade aus; der Humor der Venetianer läßt sich aber nicht so commandiren wie die Nationalgarde. Also nicht? Dann gehen wir. Lassen wir den Marcusplatz, wo sich ein einigermaßen bedeutendes Maskenleben nicht entwickeln will — obwohl es schon elf Uhr ist — und sehen wir nach der Fenice hin, wie es dort mit der Maskerade steht. Gewiß werden wir dort entschädigt für das fehlende öffentliche Maskenleben. Wieder sind zahllose Menschenmassen mit uns desselben Weges; eine Riesenarbeit, sich da in den Gäßchen durchzuwinden, aber wir sind sie schon gewohnt. Wir sind endlich da. Unsere fünf Lire sind in der Kasse, der Paletot in der

Garderobe untergebracht. Wir treten durch das bewogte Foyer in den Saal. Ein immer neu überraschender, höchst wohlthuender Anblick, dieser Saal der Fenice! Und erst heute, wo ein Meer von Licht — sans phrase — über den durch den Bühnenraum noch um die Hälfte vergrößerten, glänzenden Salon ausgegossen ist. Zu gewöhnlichen Zeiten verbreitet der große Gaslüster freundlichste Helle durch alle Räume nach oben und unten, nun giebt auch noch der auf der Bühne angebrachte zweite Gaslüster von seinem Lichte her und nebstbei sind den fünf Rängen entlang etwa 400 Candelaber, jeder von ihnen mit fünf und sechs Flammen ausgerüstet, angebracht. Das wird man doch wirklich ein Meer von Licht nennen können? So eigentlich ist die Fenice für diesen Abend in zwei Salons eingetheilt. Der erhöhte Bühnensalon ist von dem gewöhnlichen Parterre-Raum durch ein goldstäbiges Gitter getrennt, an dem zu beiden Seiten eine Treppe läuft, auf der man einerseits zu dem zweiten Salon hinan-, und andererseits wieder in den großen Salon hinabsteigen kann. Eine mit einem transparenten Bilderfries hübsch geschmückte Galerie bietet auch denen, die sich auf ihr niederlassen wollen, bequeme Sitzplätze. Geschmackvoll präsentirt sich beim Eintritt schon das Ensemble dieser Theaterräume, nur scheinen mir die Dekorationsfarben des zweiten Salons mit denen des ersten nicht in rechtem harmonischen Einklange zu sein. Wir finden die Fenice bereits ziemlich gefüllt, und noch immer strömen maskirte und nicht maskirte Schaaren in den Saal. Das Maskenpublikum ist dem Genre nach so ziemlich das der Berliner Opernbälle und der Wiener feinen „Dienstag-Redoute." Der Domino, weiß, roth, schwarz, mit frischem

Blumenaufputz oder Bändern reich geschmückt, (letztere natürlich in der Regel grün=weiß=roth) herrscht vor; man begegnet exquisiten feinen Damenanzügen und auch wieder den Zöglingen der Maskenleihanstalten. Eleganz und guter Geschmack sind vorherrschend; namentlich stößt man nicht auf so verrücktes Zeug, das man bei uns in Deutschland fälschlich „Phantasiemaske" zu nennen beliebt, und das so manchen Kopf verunstaltet. Freilich läuft auch hier und dort Zweifelhaftes umher. Schwach bekleidete Schäferinnen, Satanellas, die mit groben Händen in unseren Gang eingreifen, und auch einige Erinnerungen an den Debardeur fehlen nicht. Man hält es auch nicht gar zu rigoros mit dem nichtmaskirten Publikum.

Aus einem Gewühl von eleganten Fracks, weißen Binden und eben solchen Glacé's treten mit einem Male farbige Paletots, fleischgelbe Handschuhe und niedrige Reisehütchen heraus. Wie häßlich! Auch Damen, nichts weniger als ballgemäß gekleidet, wandeln in den Sälen umher. Wenn man der „Presidenza" der Fenice nur fünf Francs erlegt, aussehen kann man ihrethalben, wie man nur immer will, die Gala=Tendenz kümmert sie sehr wenig.

Der Anblick des Logenpublikums wäre aber weit mehr, als die fünf Francs Eintrittsgeld werth. Schönheit, Reichthum und Eleganz feiern da große Triumphe. Da war in der That jeder einzelne Logenrang einem duftenden Blumenkranz schöner Frauen zu vergleichen. Und welch ein reicher Fluß von den reizendsten Balltoiletten! Da fesselte ja fast Loge für Loge das Auge. Wo schon wirklich nicht Schönheit war, da war wenigstens Eleganz und kostbarer Schmuck. Was Kopfschmuck anbelangt, entwickelten die Venetianerinnen einen wahrhaft überraschenden Reichthum. Das funkelte aus diesen Logen heraus im blendendsten Lichterglanze, breite Haarreife aus purem Golde, perlenstrotzende Stirnbänder, diademartiger Kopfputz, große, schwere Juwelen-Colliers und Diamantenschmuck in großen Garnituren, Hals, Arme und Ohren zierend, — welche Pracht! Nun, es mag auf den Toilettetischen der alten Palais am Canal Grande recht augenverwirrend aussehen. Wo so viel Reichthum sich auch noch mit natürlicher Schönheit und Anmuth paarte (was durchaus nicht selten war), da gab es einen gar herrlichen Anblick. Da muß ich nun wieder die Fürstin Giovanelli in erster Reihe nennen, und sollten mich die geehrten Leserinnen dabei sogar auf einer stillen Schwärmerei ertappen. Wie da ihr rabenschwarzes dichtes Haar unter dem Zauber eines goldenen Reifes in dunklen, schweren Wellen in den schönen Nacken fiel — ich war nicht der Einzige, der wie gebannt in diese Loge sah! Zu ihrer eigenen hohen Schönheit hatte sich heute auch noch eine namhaft auserlesene Toilette hinzugesellt, um Auge und Sinne noch mehr zu bestricken. Die schönen Formen umfloß ein silberfarbenes Seidenkleid, von zierlichen, braunsammtenen Schleifen umflattert, ein großes goldenes Diadem umspann den classischen Kopf und große schwarze Perlen umspielten den schönsten Frauenhals, den man nur sehen kann. — Die alte Aristokratie hatte ihre schönen Vertreterinnen so reich hierher gesendet, daß man allein mit den stolzen Namen der Schönen Logen ausfüllen müßte, um ihnen allen gerecht zu werden. Auch die Damen Persico waren wieder da; Mutter Persicos Diamanten-Bouquet strahlte mit den Augen der jungen Gräfinnen tapfer um die Wette. Ich hatte mich nicht augenblicklich für eines oder das andere zu erklären; das war gut, denn ich wäre in nicht geringe Verlegenheit gekommen, die Wette zu entscheiden. Da waren auch die Comtesse Negrelli, die gleich eine ganze Krone von den schönsten Edelsteinen im Haar hatte, und die Baronin Morello und Frau Ubal=bino=Peruzzi. Ja, wer ist denn diese Dame im ersten Range? Kopf und Hals und Büste (bei Gelegenheit gesagt, letztere auf's ausführlichste exponirt) strotzen von Juwelen; Perlen, Brillanten, Smaragde machen da einander den Effekt streitig, und man schaut und schaut, und das Ende alles Schauens ist doch der Eindruck der Ueberladenheit und großer Geschmacklosigkeit. Wer die Dame ist? Eine Gräfin Gurieff, einst eine Zierde des Wiener — Circus, aus dem sie noch die Costümgewohnheiten mit in ihr neues, üppiges Leben hinübergenommen zu haben scheint. Je mehr geräuschvolles Aufsehen die Gräfin zu machen suchte, desto weniger gelang es ihr wirklich, zu interessiren. In einem Kranz so gefeierter italienischer Schönheiten, wie ihn heute die Fenice bot, reüssirt man nicht so leicht, wenn man eben nichts anderes für sich hat, als seinen Juwelier. Das meiste Aufsehen neben der Fürstin Giovanelli machte Madame Ratazzi (bekanntlich eine Prinzessin Buonaparte=Solms), die interessanteste Creolin mit den blauen Steinen auf Kopf und Hals, die einen Werth von 300,000 Francs repräsentiren sollen. Schön sind heute nur noch an dieser Frau höchstens die glühend mysteriösen Augen zu nennen; der röthlich braune Teint entbehrt schon der Frische. Aber die Frau ist die famose Verfasserin jener Romane, die den Hof Napoleons des III. so ärgern (erst jetzt ist wieder ein solcher erschienen) und überdies die Frau des gewesenen italienischen Ministers Ratazzi, des Mannes mit dem diplomatisch lauernden, frivolen Lächeln und den stark abgelebten aber geistvollen Zügen, der neben ihr in der Parterre-Loge sitzt — und das macht sie interessant. Das große Perlen-Collier der Frau Ratazzi erregte in der ganzen venetianischen Gesellschaft um so mehr Beachtung, als doch, wie ganz Italien wissen will, sein augenscheinlich hoher Werth im größten Mißverhältniß zu den sehr bekannten Finanz-Verlegenheiten des ehemaligen Ministers steht. Ein gewisses, außergewöhnliches Interesse erregte noch eine sehr stattliche Dame, die, einen Knaben an der Seite, in der Loge unter der Königsloge saß, ein Interesse, das sich keineswegs an die Schönheit der Dame, von der nur noch beaux restes vorhanden, knüpfte, auch nicht an der sonderlichen Pracht ihrer Toilette, die vielleicht etwas gesucht Einfaches hatte, das Interesse knüpfte sich an — Beziehungen der Dame, Beziehungen, die sie wieder an die Hofloge knüpfen. Es ist die Gräfin Murando mit ihrem Sohne, dessen frappante Aehnlichkeit mit dem Manne, dem zu Ehren all diese Pracht und all dieser Glanz in der Fenice entwickelt wird, allein schon die Beziehungen der Frau Gräfin zu Viktor Emanuel verrathen müßten, wäre es überhaupt in Italien ein Geheimniß, daß die Gräfin schon seit geraumer Zeit jenen Platz im Allerheiligsten des „Königs Galanthomme" inne habe, den einst die bekannte, jetzt schon verstorbene Rosina inne hatte. Während wir uns in Erinnerungen ergehen, die des Königs sind, tritt gerade — es ist Mitternacht — der Hof in die beiden Proscenium-Logen links. Viktor Emanuel im schwarzen Frack mit einem Ordensstern geziert, viel vortheilhafter, als in der Uniform aussehend; die

Herzogin von Genua, die Marchesa die Gattinara, die Prinzen Amadeo und Umberto, und der Prinz von Carignan. Nun flogen alle bewaffneten und unbewaffneten Augen weg von den Sehenswürdigkeiten der venetianischen Noblesse gegen die beiden Hoflogen. Die Damen waren da entschieden im Nachtheile, denn an den beiden jungen Prinzen ist nicht viel zu sehen. Prinz Umberto ist nichts weniger als hübsch, es müßte denn sein, man interessirte sich für ein paar hummerartig hervortretende Augen. Doch ich will den Prinzen nicht weiter schildern, er soll ja nächstens eine gute Partie machen, da will ich ihm nicht schaden. Hübscher jedenfalls ist Prinz Amadeus, sein offenes freundliches Gesicht erweckt Vertrauen und Zuneigung. Einen guten Eindruck macht der Prinz von Carignan, ein Mann von schlichtem bürgerlichem Anstrich, mit ausdrucksvollem, intelligentem Kopfe. Eine reizende Erscheinung in der Blüthe der Jugend ist die Marchesa di Gattinara, ein niedliches Knöspchen mit recht vielen Perlen und Brillanten geschmückt. Sie war der Blendepunkt der Hoflogen. Kaum eingetreten, empfangen die hohen Herrschaften die gewohnten Huldigungen. Die obligaten Ovationen erfolgten, jedem Einzelnen der Angehörigen Viktor Emanuels und vor Allem ihm selbst wurden Evvivas ausgebracht. Ich entfernte mich bald darauf. Ueber den Marcusplatz gehend, fand ich denselben wie ausgestorben. Der Carneval von Venedig schlief.

VIII.

Regatta.

(Die Gondoliere von Venedig. — Phantasien der Reisenden. — Poetische Vorstellungen von Gondel und Gondolieren. — Die Wirklichkeit. — Zur Charakteristik der Gondoliere. — Sein Festgewand und seine Meisterschaft. — Auf dem Canal grande. — Die abgelegte Todtenmaske. — Heitere Physiognomie. — Die Wettfahrer. — Der Turf zu Wasser. — Wetten und Combinationen. — Erhitzte Leidenschaften. — Luigi, Carlo oder Guiseppe? — Die Entscheidung. — Der „heilige Garibaldi" und eine Muttergottes.)

12. November.

Das ist heute der Tag der Gondoliere von Venedig. Eine Deputation dieser Lagunenfahrer wurde gestern vom Könige empfangen und lud Se. Majestät in einfach schlichter Weise zu der Regatta ein, die das Municipium auf dem Canal Grande veranstaltete. Venedigs Gondoliere sind die altberühmte Staffage der Dogenstadt. Von den Tausenden, die alljährlich aus allen Theilen Europas der Königin der Adria zuziehen, mag es nur Wenige geben, deren erster Gedanke nicht der — Gondoliere von Venedig wäre. Hastig träumt sich die allezeit geschäftige Phantasie in die Zauber Venedigs hinein, dessen erster Reiz in Gestalt einer Gondel und eines Gondoliers dem sinnenden Auge vorschwebt. Die Gondel ist, wie man vom Hörensagen und Lesen bereits genügend weiß, zwar bloß mit schwarzem Stoff ausgeschlagen, aber gerade dieses Schwarz der Gondel macht die Phantasie nur noch träumerischer. Eine ganze dunkle Kette von Geheimnissen spannt sich um das kleine Fahrzeug aus. Drinnen in dem kleinen Raum liegt Alles voll von Tragödien, politischen und gesellschaftlichen, Tragödien der Liebe, des Hasses, des Stolzes, der Eifersucht, des Ehrgeizes. Alle Wonnen und alle Qualen des Lebens, die Minnestunden eines süßen Pärchens und die Folterstunden des vor den schreckenverbreitenden „Rath der Zehn" hincitirten Volksmannes, der sich vielleicht ein Wort über die Gewalthaber der Republik unvorsichtig erlaubt hat, und nun in der Gondel zur Behme hingefahren wird, — sind unter diesem schwarz ausgeschlagenen Häuschen mit den kleinen Fenstern ausgekostet worden. Und was nicht noch Alles! Die Phantasie des Menschen, der auf dem Wege nach Venedig ist, hat da freilich den freiesten Spielraum. Und wie denkt sie sich erst den Gondoliere! Er muß einen Tizian-Kopf wenigstens haben, einen Kopf so malerisch, so voll südlichen Charakter-Ausdruckes und Größe. Und malerisch muß auch sein Gewand sein. Und vor Allem muß er auch Canzonen und Stanzen italienischer Poeten auswendig citiren, er muß seinen Tasso auswendig wissen und seinen Ariost und seinen Petrarka, oder wenigstens einen von diesen. Das sind so die Durchschnittsvorstellungen unserer europäischen Reisenden, die nach Venedig ziehen. Wie wenig von ihnen wird von Gondel und Gondoliere erfüllt. Am Bahnhofe schon, für die, die den Landweg genommen, am Lido, für die, die das Meer getragen, wird das phantastische Gebilde zerstört. Ein häßlicher „Omnibus", wie eine längliche Krankensänfte aussehend, nimmt Dich auf, um Dich in das Venedig jenseits des Canals zu bringen, oder es thut dies einer der vielen, nicht Deiner Phantasien, sondern Deines Geldes harrenden Gondoliers, die mit Dir an Ort und Stelle Deiner Bestimmung angelangt, in höchst unromantischer Weise um den Fahrlohn zu feilschen beginnen. Die Sprache Tassos wird von Deinem Gondoliere-Ideal für's Erste dazu benutzt, um über die Schnur der Fahrtaxe zu hauen und Zeit Deines Aufenthaltes in Venedig wird Dir Dein Ideal anstatt der Stanzen und Terzinen, die Du erwartet, ganz ungereimte Forderungen vorsingen, die nur insofern classisch sind, als sie das Gebiet des Gewöhnlichen kühn umgehen und oft der Unverschämtheit die meisterhafteste Form geben. Die Gondeln selbst halten Dir eher Wort und Du kannst Dich auf einer Fahrt im Canal, soviel als Du nur immer willst, hineindenken, ihre stillen Wände geben Dir auf nichts Antwort und es steht Dir frei, von ihnen anzunehmen, sie wüßten sehr Vieles oder auch nichts. Am meisten Wort hält der Phantasie noch die Gestalt der Gondoliere. Es sind in der That prächtige Köpfe unter ihnen, Köpfe, die aus den alten Bildern des Tintoretto in der „Scuola dei Frari" herausgeschnitten sein könnten. Nichts weniger als malerisch hingegen ist der Gondoliere Gewandung. Freilich in diesen Tagen ist das anders, und Gondel und Gondoliere haben des alten Venedigs Festgewänder angethan. Die schwarze Gondel ist verschwunden, wir haben den buntfarbigen Fahrzeugen der Corporationen und Privaten, diesen köstlichen Ausstattungsstücken zu Wasser, mit so reichem Aufwand von Gold, Silber, Seide, Sammt, Atlas bereits am Einzugstage auf dem Canal Grande begegnet und werden ihnen heute daselbst wieder begegnen. Auch der Gondoliere ist in sein altvenetianisches Festgewand geschlüpft, in die Tricots, die die venetianischen Farben tragen, in die bunte Jacke mit weißer Halskrause und hat den runden Filz mit einem Barette vertauscht.

Schön und golden leuchtet der Tag, die Nebel von gestern sind geschwunden, der Regatta, dem altvenetianischen Schifferfeste zu Liebe. Alles eilt der Piazzetta zu, um sich zu dem Schauspiel einzuschiffen in den Canal Grande, wo sich die Gondoliere von Venedig im Angesichte des Königs messen werden, um die Meister über alle Meister zu bekunden. Denn Meister ihres Handwerks sind sie Alle, diese flinken Barkenlenker der Lagunen. Man muß sie nur beobachten, wie geschmeidig sie ihre Zeuge lenken, wie sie die Wasserfläche pfeilschnell zu durchschneiden, wie sie geschickt zu drehen und umzukehren wissen, man muß sehen, wie selbst im größten Gedränge von Barken, doch eine an der andern leicht vorüber gleitet, ohne sie auch nur zu streifen, wie in den schmalen Wasserengen der Lagunen Einer dem Andern auszuweichen versteht. Es ist die anmuthigste Behandlung der Barke, des Ruders, die man sich nur denken kann, die diese venetianischen Gondelführer alle auszeichnet. Lärmlos, leicht und sanft rauschend weicht das Wasser den Schnitten des Ruders; Delphine könnten das Schifflein nicht schöner dahinziehen machen. Heute haben sich nun eine Anzahl dieser Meister auf den Lagunen zum Kampfe unter sich gemeldet, die Ehre reizt sie wohl und auch das Geld, denn es sind Preise von 500, 400, 300, 200, und 100 Francs für die Sieger ausgesetzt. Das wird ein hehres Schauspiel für die Venetianer, die ihre Gondoliere im Wettkampf mit einander sehen wollen.

Hunderte von Barken schwimmen bereits von der Piazzetta in den Canal hinein. Mein Beppo, eine Facchino-Bekanntschaft, die ich gleich am ersten Tage meines Aufenthaltes hier gemacht, und die mich, Dank des ersten guten

Trinkgeldes, das ich gab, nicht mehr verläßt und mein venetianisches factotum ist, mein Beppo ist auch schon da und bringt mir meinen Gondoliere, den „Cinquanta" herbei, macht das Boot los und flugs gehts in den Canal hinein. Wie das da schon wimmelt von Fahrzeugen und Menschen! Aus allen Biegungen des Canals und der Lagunen heraus gleiten die Barken, Gondeln, Peoten, Bissonen und wie sie hier alle heißen mögen, die großen geschmückten Festgondeln.

Da kommen sie alle wieder, diese schwimmenden Feentempel auf schlanken, reich vergoldeten Kielen, am Vorder- und Hinterdeck Broncefiguren, Neptune, Satyre u. d. m. tragend; die großen Damastzelte mit den wallenden Vorhängen, die riesigen Kioske mit den langen feinen Mousselinschleppen, die ihnen die Wasser des Canals nachtragen; da kommen sie, die Muschelgondel Chioggia's und der Glastempel von Murano und all die schwimmenden Feerien der Conterie, der Handelskammer, der Municipien, der Marine u. s. w. In weit größerer Pracht strahlen sie heute als jüngsthin, als sie zum ersten Male da waren, denn das Sonnenlicht ist ihnen gewogen und spielt mit ihren Farben ein gar reizendes, bestechendes Spiel. Auch die Paläste haben heute das Ihrige gethan und ihre Teppiche, Fahnen, Bilder, Tücher und Büsten hinausgesteckt. Auch strotzen sie von lebenden Huldigern und Huldigerinnen, die überall, wo es einen Platz giebt, Platz genommen, auf Balkonen, Erkern, Fenstern, Dächern, Rauchfängen.

Dort oben reitet eine Schaar lustiger Jungens auf den Köpfen der Statuen des Palazzo Grimani herum und macht sich das Vergnügen, kleine Sträußchen in die unten vorüberkommenden Gondeln zu werfen. Weithin lassen andere, einen hohen Standpunkt liebende Bürschchen ihre Füße gemächlich von der obersten steinernen Galerie eines anderen alten Palastes hinunterbaumeln.

Wie die Häuser, so strotzen auch die freien Canalufer von Menschen, die alle möglichen natürlichen und künstlichen Sitze einnehmen. Zu welch neuem Leben dieser Canal Grande erwacht ist! Er hat die alten Leichenbittermienen abgelegt und sieht fröhliche, heitere Menschen an seinen Ufern, in seinen Häusern und auf den zu Hunderten sich auf- und abtummelnden Gondeln. Wahn und Irrthum, daß der Canal Grande die Melancholie einer Gräberstätte athmen muß, um interessant zu sein! Seht ihn doch heute an, mit seinen beflaggten Palästen, seinen reichen farbenspielenden Fahrzeugen, seinen Frohsinn wiederstrahlenden Menschenkindern, das ist eine Physiognomie, interessanter noch, als seine gewöhnliche, die doch nur eine Todtenmaske ist. Gewiß Vieles, was diese Paläste erzählen, paßt zu jener Todtenmaske besser, als das Gesicht, das der Canal Grande heute macht. Aber in dem Gesicht liegt das Blut der Gegenwart und rollt darin unablässig, und das Gesicht ist schön. Jetzt wird es noch schöner, denn es glüht eben enthusiastisch. König und Hof sind soeben auf dem Balkon des Palazzo Pesaro, von dem aus sie die Regatta sehen wollen, herausgetreten und nehmen die lärmenden Huldigungen, die aus allen Häusern und allen Schiffen mächtig andringen, entgegen. Ein Uhr schlug es indeß auf San Marcos Glockenthurme, und die Kanonenschüsse geben das Zeichen des Anfanges der Regatta. Eilf Preiskämpfer haben sich eingestellt. Sie stellen sich mitten im Canal in Schlachtreihe, während alle andern Barken, Gondeln und

Festfahrzeuge sich längs der Ufer des Canals postiren mußten. Noch ein Zeichen, und die Gondoliere ziehen mit einem Male aus. Ein gutes Stück den Canal entlang zur Piazzetta hinab kann sie das Auge der Zuschauer, die dem Palazzo Pesaro zur Seite stehen, noch verfolgen, dann verschwinden sie ihm und nehmen den Weg zum giardino publico, jenen von Napoleon errichteten dünnen Baum-Anlagen, die als ihr Hübschestes einen Fernblick auf's Meer bieten. Vom Volksgarten aus kehren die Gondoliere im Wettlauf wieder zurück und die Ersten wieder am Palazzo Pesaro sind Sieger. Die Zeit, die die Wettfahrer brauchen, um zu uns wieder zurückzukehren, vergeht uns mit Sehen und Hören von allerlei. Die Musik der Nationalgarde spielt vor dem Palazzo, den der Aufenthalt des Königs ehrt, die verschiedensten Weisen, und das Gespräch der Menge, die da angesammelt ist, ergeht sich in Combinationen über Glück und Ende der Regatta. Wer wird Sieger sein? Wie bei allen Wettkämpfen zu Pferd oder zu Fuß oder zu Wagen, man wagt es, auch hier bei dem Wettkampf zu Schiffe der Entscheidung vorzugreifen und läßt seine Vermuthungen spielen, seinen Neigungen freien Lauf, creirt Sieger und Unterlegene und theilt die verschiedenen Preise aus. Da habe ich nun wahrgenommen, daß die Benetianer sich für ihre Gondoliere ebenso erhitzen können, wie die Engländer für ihre Jockeys und ihre Rennen. Auf den Gondeln der Nobili wurden sogar auch Wetten gemacht. Es war ein förmlicher Turf zu Wasser. Man hatte die Anslaufenden ein schönes Stück beobachten können und darnach seine Constellation gemacht, dann kannte man auch auf dieser und jener Seite z. B.

den Luigi, den Concurrenten mit den weiß-blauen Tricots und wußte, man könnte seiner Meisterschaft trauen, er müßte der Erste sein am Ziele! Andere Parteien sagten dasselbe mit eben derselben Gewißheit wieder von dem kleinen Kerlchen Carlo, der gleich Anfangs allen Comilitonen mit seiner hübsch beflaggten Nußschale um eine hübsche Spanne voraus war. Andere — diese gehörten zum Volke, das das Ufer umstand, und auch mein Cinquanta gehörte zu dieser Partei — sagten, der alte Guiseppe müsse gewinnen, denn er habe — eine Muttergottes auf seinen Fahnenmast hingenagelt und die werde ihm helfen. So wogten die Meinungen gleich den vielen Schifflein, die auf dem Canale waren, hin und her. Endlich, nach einer unruhigen halben Stunde — ein volltönender Aufschrei, zugleich aus tausenden von Hälsen kommend. Hurrah, sie sind schon wieder in Sicht, nur zwischen sieben Gondolieren ist der eigentliche Kampf nun entbrannt, die anderen sind zurückgeblieben und zählen nicht mehr. Wie sie in ganz kleinen Distanzen dahinschnellen! Man merkt es mit freiem Auge kaum, daß es überhaupt Distanzen zwischen ihnen giebt, so nahe sind sie einander auf den Leib gerückt. Jetzt spornen die Wettenden ihre Schutzbefohlenen gleichsam an, man hört rufen: „Carlo! Carlo!" „Avanti, Guiseppe!" Heißer immer heißer, leidenschaftlicher wird der Ruf der Menge. Jetzt entschwinden die Wettfahrer für einen Augenblick wieder unseren Augen, eine Canalbiegung entzieht sie uns — ein lärmendes Gebrause geht von Gondel zu Gondel, fährt über die Ufer hin, Hurrah, sie sind da! Diese Gondel da mit dem grünweißen Ruderer hat auf eine hübsche Distanz hin als erste das Ziel erreicht. Ein Sturm von Beifall empfängt den

Gondoliere, der vor dem Palazzo Pesaro angekommen, die Kappe weit im Umkreise schwenkt. Der wackere Junge hat die 500 Franken und die Ehre des Sieges erworben. Seine vier Nachfolger theilen sich in die übrigen Preise, Held des Tages ist aber doch nur jener glückliche Erste. Mein Cinquanta schüttelt trotzdem beim Nachhausefahren bedenklich den Kopf und sagt: „Der Guiseppe ist doch der beste Gondoliere" — „Und warum war er nicht Sieger?" frage ich ihn. „Weil der Andere den heiligen Garibaldi als Schutzgott auf dem Schifflein hatte!" antwortete er. Freilich, der alte Guiseppe hatte ja nur eine Muttergottes! Da war kein Aufkommen möglich!

―――――◆―――――

IX.
Der Feuerzauber von San Marco.

13. November.

Wenn vor irgend etwas, was Menschenhände mit prosaischen Mitteln poetische Effecte hervorzaubernd machen, die Feder in ihrer Schwäche zusammensinken kann, so ist es im Anblick jenes Feuerzaubers, der gestern um San Marcos Dom und Platz ausgegossen war. Ganz Venedig hat vier Wochen lang an dieser „Beleuchtung des Marcusplatzes," wie das Schaustück bescheiden im Programm der Festlichkeiten heißt, arbeiten gesehen, man sah all die prosaischen Apparate herschleppen, Lämpchen aufhängen, Gasröhren legen u. s. w. und dachte sich dabei: Das wird ein ganz

hübscher Anblick werden, etwas effektvoller, als der, den der
Marcusplatz am Abende der allgemeinen Beleuchtung ge-
boten — nicht mehr. Nur in der Phantasie des Mannes
selbst, der dieses Kunstwerk von einer Illumination entwarf
und ausführen ließ—es ist der Architekt Ottino aus Turin,
— mag das rechte Bild gelebt haben, und auch er mag
vielleicht noch überrascht worden sein. Ueberraschung, die
höchste Ueberraschung war das Gefühl der Hunderttausende
von Menschenkindern, die in jener Nacht den Marcusplatz
betraten und von dem gebotenen Feuerzauber wie gebannt
eine Zeitlang anhalten mußten. Sie sahen ihren alten Dom
in neuem, unglaublich effektvollen Lichte, in Märchenglanz,
in des Feuers schönste Pracht getaucht und hoben hocher-
staunt ihre Augen zu den Kuppeln von San Marco. Du
kennst, lieber Leser, den Dom von San Marco gewiß,
mindestens aus den Abbildungen; die schön geschwungene
Hauptthür, die schlanken Thürmchen oben, die Façade mit
dem wunderlichen Gemenge von Säulen und Säulchen verschiedener Capitäler, verschiedener Schafte, verschiedener
Ausschmückung, die alten Mosaiken auf Goldgrund, Dar-
stellungen aus der Heiligengeschichte und aus der Geschichte
San Marcos, wie sie seine Leiche aus Alexandrien, viele
Gefahren bestehend, nach Venedig brachten u. s. w. Ihre
tausend Jahre hat diese Façade von San Marco (828 soll
man schon mit der Ausschmückung dieses Domes begonnen
haben) — in so eigenthümlichem Kleide dürfte sie sich noch
nicht gesehen haben. Ich will den Versuch machen, einen,
wenn auch nur schwachen Abglanz des Bildes zu geben.
Die Höhenpunkte der Façade muß man sich im weißen
Lichte glänzend denken. Jedes der sechs Thürmchen schien

eine brillante Feuergeburt zu sein. Der alten Form dieser Thürmchen war nicht im geringsten nahe getreten worden. Ihre Zierlichkeit, selbst ihre byzantinischen Schnörkel traten dem Beschauer phantastisch vor's Auge; es war einem, so barock dies auch klingen mag, als hätte da ein alter Meister die Kunst verstanden, in Feuerstoffen zu meißeln. Zwischen diesen Thürmchen erglänzten die vier Bogen wie große Silberbogen und gossen auf die alten Mosaiken, die sie umrahmen, ein gar wunderliches Licht aus. Hoch und herrlich erhob sich dann noch oberhalb des großen Portals — der Löwe von San Marco in Flammenbildung! Welch ein schöngedachter, großartiger Effekt! Den Leib des geliebten, venetianischen Löwen bildeten gelbe Flämmchen, die beiden Flügel strahlten in bläulichem Flammenkleide, und das altehrwürdige Wort: „Pax tibi Marce"! auf dem Evangeliumsbuche glänzte in den reinsten krystallweißen Gasflämmchen. Wie das orientalisch flimmert und glänzt, wie die Silberäderchen des Feuers um die Gestalten der alten Mosaiken phantastisch tanzen! Und dann der untere Theil der Façade, den wieder andere Lichter umglänzen! Sind die vielen Säulen und Säulchen, die den Haupteingang bekränzen, nicht ein Spielzeug der Phantasie? Sind sie nicht wirklich aus weißem, grünem und rothem Feuer gestaltet? Sind diese mystisch verschlungenen Laub- und Blumengewinde an den Capitälern nicht von einem Feuerkünstler?

Sinnend versenkst Du Dich in diesen Feuerzauber, Dich verwirren all' die verschiedenen, mannichfaltigen Formen, die ein ungestaltbares Element vor Deinen Augen annimmt; Du glaubst an ein Märchen, und findest Dich in diesen Dir nicht geläufigen Glauben. Da oben über den ganzen Dom hinweg leuchtet auch noch die große Kuppel in einem magischen röthlichen Lichte, einem riesigen Feuerballe vergleichbar, — aber, was ist das? Dein Blick fällt auf eine Inschrift über dem Hauptthore, die in Gas getauchte große Buchstaben bilden. Da steht in Flammenschrift angeschrieben: "Viva Vittorio Emanuele, Re d'Italia" — und ein großes Stück vom Feuerzauber verfliegt Dir. Was diese landläufige Loyalität nicht Alles verdirbt! Abscheulich! Da gestalten sie mit künstlerischem Sinne ein Werk, vor dessen Zauber alle irdische Herrlichkeit zerstäubt, gestalten ein Märchen in Flammen und kommen Einem, wenn man gerade mitten drin in der Phantasie steckt, mit etwas so Erzprosaischem, wie ein solches "Viva" ist! Das macht uns ungehalten, und wir kehren San Marco den Rücken. Dem Manne, der San Marcos Dom so verzaubert, braucht aber nicht bange zu sein, er versöhnt uns wieder, ja, er hat uns schon versöhnt, sowie wir den Marcusplatz entlang blicken. Wie schön er den ganzen Raum in Licht getaucht hat, wie harmonisch die Farben da in einander fließen, wie künstlerisch sein Auge jeglichen Schwulst vermieden und welche phantastische Wirkungen er auch da hervorgerufen! Daß er die beiden Procuratien alle Stockwerke entlang mit einem so anmuthigen Lichterkranze umgeben, daß er etliche 40 riesige, in Gas strahlende künstlich verschlungene "Vittorio Emmanuele", savoyische Kreuze und blendende Kronen, alle in den nationalen Farben schimmernd und strahlend, angebracht, daß er bunte, unter großen weißen Glocken reizend leuchtende Flämmchen zwischen den Pfeilern der Procuratien aufhing und ganze Sprühketten buntfarbiger Flämmchen längs der ganzen Façade durch beide Stockwerke der alten Procuratien, in blendenden Gewirre hinauf und hinab laufen ließ, das will noch Alles, obwohl schon das allein eine imponirend schöne Beleuchtung von trefflichem Geschmacke in Farben- und Formen-Zusammenstellung zeugend, ergab, nicht so viel bedeuten. Aber die achtzehn riesigen Gaskandelaber allein, die er so herrlich zu gestalten wußte, hätten ja den Marcusplatz schon zum Schauplatze des schönsten Feuerzaubers machen müssen! Sie waren sämmtlich in Flammenbäume umgewandelt, von deren aus Gas gebildeten Zweigen unter weißen Glocken (die wie Mandelblüthen aussahen) allerlei bunte Flämmchen, Hesperidenfrüchten gleichend, herunterhingen. An diesen Wunderbäumen, mit Rosen umwundenen, zu herrlichen Blumenvasen gestalteten Schäften, hätte das verzückte Auge für immer haften bleiben mögen! Ueberaus schön präsentirte sich auch der der Façade des Domes gegenüberliegende Trakt des Palazzo Reale, in dem der Audienzsaal sich befindet — mit seinen großen Lichtglocken und Lichtglöckchen, seiner, wie in lauter Diamanten gefaßten Gaskrone und den großen, strahlend verschlungenen Initialen des königlichen Namens. Denke man sich zu alledem noch den bis zu seiner höchsten Höhe hinauf in zahllosen Flämmchen erglühenden Campanile von San Marco, den erleuchteten Uhrthurm mit dem gasstrotzenden Zifferblatt, die vielen, vielen angezündeten buntfarbigen Krystallüster, die in den Hallen der Procuratien hingen, und vor Allem wieder die herrliche Façade von San Marco mit den bengalisch erleuchteten Kuppeln — und man hat einen schwachen Abglanz von all der Beleuchtungsherrlichkeit, in die der Marcusplatz in der Nacht vom 11. auf den 12. zu Ehren des Königs Viktor Emanuel getaucht war, und die der Stadt Venedig 100,000 Francs gekostet. —

Es anzustaunen sind sie auch alle gekommen die Kinder Venedigs und die zahllosen Fremden. Ich habe bisher immer geglaubt, den Marcusplatz so angefüllt mit Menschen zu sehen, daß er gar nicht gefüllter mehr sein kann. Gestern hat er mich über seine noch größere Leistungsfähigkeit belehrt. Welch eine stockend dichte Masse von Köpfen war da zu sehen in den Stunden von 8 Uhr Abends bis 2 Uhr Nachts! Man war ganz in seinem Fortkommen auf die Beweglichkeit der übrigen Masse, deren verschwindend kleinen Theil man nur ausmachte, angewiesen. Wenn man eine halbe Stunde lang bloß auf einiges Vorwärtsrücken zu warten brauchte, so war man schon höchlichst erfreut und rief dann vor sich hin die Worte eines großen, berühmten Italieners: „Und sie bewegt sich doch!" Was kann dieses Volk schreien! Ich habe nun die Franzosen, Engländer, Deutschen, Ungarn bei allerlei Huldigungen schreien gehört; die Letzteren, glaubte ich, leisteten schon das Höchste — diese Italiener übertreffen auch noch die Ungarn! Ihnen gebührt meines Erachtens der Preis von allen Vivatschreiern des Erdballs. In dieser Nacht mußte der König Viktor Emanuel sich, nach dem zu schließen, wie oft ich ihn nur erscheinen sah, an die zwanzig Mal vor dem Volke zeigen. Wie strapazirend ist es doch mitunter, ein beliebter König sein!

X.
Eine Serenade auf dem Canal grande.

13. November.

Und wieder eine Festnacht! Dies Venedig weiß wohl, was es thut, wenn es sich erst mit untergehender Sonne schmückt und den guten Mond, oder den sternenglänzenden Himmel zum Mit-Arrangeur seiner Feste macht. Er steht am Himmel, der Alte, der schon so lange Jahre für Venedig Reclame macht, der alte Galantuomo; er kann bei einer Serenata, die la bella Venezia ihrem Geliebten, Viktor Emanuel, bringt (die Geliebte dem Geliebten, — daß doch endlich einmal die Geschichte auch umgekehrt vorkommt), unmöglich fehlen. Aber etwas mildere Luft hätte er mitbringen können. Ein schneidend scharfer Zug läßt Einen auch hier das „Mitte November" so recht fühlen. Barca! Barca, Signori!" — Da ist er, der gnädige Cinquanta! Steigen wir ein. Der Bursche hat seine Gondel auch noch hübsch herausgeputzt, kleine niedliche beleuchtete Ballons am Schnabel befestigt und ein Fähnchen ausgesteckt. Freilich steht er mit seiner Illumination nicht allein heute, es darf sich keine Barke oder Gondel heute Nacht auf dem Canal blicken lassen, die nicht beleuchtet wäre. Venedig will sich ja seinem Könige auf seinem althistorischen Boden (grundlosen Boden), auf dem Canal Grande, bei einer Fahrt al fresco zeigen, es will neben all den Zaubern, die es in den paar Tagen schon entfaltet hat, zum nahen Abschiede auch noch den Zauber einer altvenetianischen Wasserfahrt vor seinem Könige entfalten. Der Spiegel ist frei, wer will, der komme und helfe die Fahrt schmücken. „Fresco di notte" heißen sie, diese Lieblingstouren der alten Venetianer, die so gerne in schöner mondbeglänzter Zaubernacht hinaus auf den Canal in zierlichen Gondeln schwammen und sich da wiegen ließen von den Wogen der Lagune. Das war ein Kichern, Scherzen, Lispeln, Küssen, unterbrochen von sanft über den Wellen hinziehender Musik und anziehendem Frauengesang. Hurtig flogen die Gondeln an einander vorüber, aus allen Biegungen des Canals kamen neue heran. Das mag ein elektrisches Augenspiel von einer Gondel zur anderen gegeben haben, wenn der schöne Nobile und die feuersprühende Kaufmannstochter aneinander vorüberfuhren und die Gondolieri bei all ihrer Schnelligkeit es nicht verhindern konnten (auch nicht wollten), daß Liebesbriefchen hinüber und herüber flogen. Noch heute sind diese Frescofahrten die größte Wonne des Venetianers. Unter der österreichischen Herrschaft hatte er ihrer vergessen. Die eine, die alljährlich am Geburtstage des Kaisers Franz Josef veranstaltet wurde, hatte den herkömmlichen offiziellen Charakter. Militär und Beamte und Alles, was finanziell am Regime hing, dazu Fremde noch, tummelten sich auf dem Canal herum, die Italiener aber waren nicht zu sehen, die Paläste am Canal blieben finster, und zu der Fresco-Fahrt hatte sich faktisch nur ein Italiener hergegeben und der konnte aber nicht anders — der Canal Grande. Mit um so größerer Spannung sah man der ersten, echten, nationalen Fresco-Fahrt seit so langer Zeit, die aus der Lust des Volkes heraus sich gestalten sollte, entgegen. War das ein Eilen und Rennen gegen den Canal und die Piazetta zu, so wie die Dämmerung einbrach. Die nicht eine

Gondel nehmen können, suchen durch das Gewirr von Brück=
chen und Gäßchen an jene Punkte des Canals zu gelangen,
wo die Ufer eine freie Bahn gewähren. Wo dies der Fall
ist, da wird auch rasch bei Gelegenheit ein kleines Geschäft=
chen von den Facchinis improvisirt, einige Reihen von
Stühlen an's Ufer aufgestellt und vermiethet. So bildet
sich gleichsam für diesen Abend am Canal=Ufer ein Volks=
Parterre, während die Logen mit ihrem Publikum draußen
auf den Canal selbst herumschwimmen. Auf dem „Juchhe",
der höchsten, letzten Galerie dieses wunderbaren, offenen
Theaters sitzt heute Niemand anders, als der gute Mond.

Pierrot macht das Boot frei, wir gleiten in die Nacht
hinaus. Weit um uns herum auf der Piazetta wimmelt
es von Barken und Gondeln, die Tausende von Lichtern
auf dem Wasserspiegel aufstecken. Von hier aus wird sich
die Barkenmasse in Bewegung setzen, von Musik umrauscht,
und lichtstrahlend den Canal entlang fahren, um an zehn
bestimmten Punkten zu halten. Wir haben noch Zeit, uns
dem Corso anzuschließen, fahren wir ein wenig tiefer in
den Canal hinein. Es ist gar so lieblich, die anschwim=
menden Barken, die aus allen Lagunenecken heraus in den
Canal einbiegen, herankommen zu sehen. Da schweben weiße,
rothe, grüne, gelbe, blaue Lichter über dem Wasser. Jeder
thut nach Geschmack und Können das Seine. Da kommt
eine Barke mit großen, beleuchteten, nationalfarbenen Tulpen,
drei an jeder Endseite, herangeschwommen, dort hat eine
andere buntfarbige Lämpchen an ihrem Schnabel befestigt;
da hat eine große Gondel einen ganzen Kranz von farbigen
Lämpchen auf langen Schnüren, die von hohen Schiffsstangen
getragen werden, angethan, diese wieder hat einen Obelisk

von Flämmchen emporgebaut, andere schauen wieder aus unzähligen flammenden Glasaugen in die tiefe Nacht hinein — wie das in der Luft umherbaumelt, sich malerisch wiegt und von so reizend freundlichem Eindrucke ist! Dieser Canal Grande braucht phantastische Beleuchtung. Auf seinen Wässern ist es nie schöner, als wenn Flämmchen, Tausende und Abertausende in wirrem Tanze das Auge umgaukeln. Nun, damit ist ihm heute redlich gedient. Aber, da muß ja unten von der Piazetta aus der Corso schon begonnen haben? Da wälzt sich ja die Barkenmasse schwer und langsam schon heran? Fassen wir hier mit unserer Barke Posto am Ponte Rialto und lassen wir das herrliche Lichtheer an uns vorüber. Von der Casa Pisani an, den Municipal-Palast her bewegt sich jetzt dies mächtige Barkengeschwader. Welch' großartiges Schauspiel! Aus dunkler Nacht kommen anfangs nur kleine Lichter bunten Gewimmels uns zu Gesicht. Das tanzt irrwisch-artig durch die Lüfte, züngelt zauberhaft durcheinander, mengt sich, scheidet sich, mengt sich wieder, dehnt sich immer weiter, die buntfarbigen Flammenarme streckend, über die Breite des Canals; nach und nach kommen größere Lichter-Mengen aus dem Canalwinkel hervor, immer größer und größer wird das farbige Getümmel, es wächst vor uns in's Riesige — jetzt hält es offenbar an, die lichtumwogte Masse steht, und das Auge sieht eine zahllose Lichter- und Farbenwelt vor sich, ruhig und unbewegt ausgebreitet.

Jetzt ist die Serenade beim Palazzo Foschari; dort oben hat der König Posto gefaßt. Musik und Gesang dringen uns an's Ohr; sie werden von den Ausrufen der erstaunten und überraschten Massen an den Ufern weit übertönt. Und der Anblick ist schön, überaus schön. Was nur mitten her=

aus aus den tausenden Flaggenlichtern, beleuchteten Lampen, Tulpen, Blumenkörben, Ballons, aus dem mysteriösen Fluß bengalischer Leuchten, der die alten Paläste in tausende märchenhafte Schleier gehüllt, so imponirend herrlich in's Auge sticht? Ist ein Krystallpalast aus den Wässern des Canal Grande emporgestiegen? Was bedeuten nur jene herrlichen Lichtkörper, so groß und prächtig aus der übrigen Lichterfluth herausstrahlend? Sind das einzelne lichtbringende Gondeln? Wie ein schwimmender Tanzsaal erscheint es dem Auge aus der Entfernung. Unsere Neugierde ist groß, größer, als die Fahrschnelligkeit jenes tausendartigen Geschwaders, das nun bei uns hier am Ponte Rialto Halt machen soll. Geduld, sie setzen sich schon in Bewegung, die Musik hat aufgehört, sie kommen langsam heran. Da schwimmt die Avantgarde des Geschwaders, Barke eng an Barke, alle schimmernd in buntem Flammenschmuck, an uns heran. Die ganze Breite des Canals ist barkenbedeckt, nicht ein Tropfen Wassers zu sehen. Wo nur die Gondeln den Raum hernehmen, sich durchzuwinden? Sie schlüpfen über einen kleinen Streifen Wassers hinweg, ihre Führer sind wahre Meister, ich glaube sie gingen selbst durch ein Nadelöhr voll Wasser noch durch! Das gleitet so still und geisterartig den Spiegel entlang, kein Laut kommt über die Lippen der Tausende, die da fahren. Auch die Menge an den Ufern ist vom Schauen so überrascht und in Anspruch genommen, daß sie kein Wort fahren läßt, sie ist contemplativ gestimmt und denkt bei diesem herrlichen, allen Glanz der Vergangenheit hervorzaubernden Schauspiele gewiß viel mehr, als sie spricht.

Jetzt auf einmal wird alle Stille durchbrochen von einem Freudenschrei, der sich längst der Ufer bis weit über die Rialtobrücke hinaus mächtig fortpflanzt — da ist dieses colossale Lichterräthsel, das uns schon früher beschäftigt, endlich in unserer nächsten Nähe. Was ist es nur? Wie schildere ich es Ihnen? Es ist keine Gondel und keine „Bissone" — es ist in der That ein schwimmender offener Lichterpalast, den hier die Wässer des Canals tragen. Er nimmt fast die ganze Breite des Canals für sich allein in Anspruch. Zwanzig zweistockhohe Lichtersäulen, alle im Krystall schönsten farbigen Lichtes weithin strahlend, bilden ihn. Zwischen je zwei solchen Lichtersäulen erhebt sich immer eine kolossale Flammenlyra, deren Seiten in grün-weiß-rothem Lichte glänzen. Vierzig Männer führen diesen Krystallpalast über die Canalwasser, mitten durch das übrige Barkengetümmel durch. Hehr und prächtig ohnegleichen ist dieser schwimmende Krystallpalast, das Auge starrt wie in etwas Ungewöhnliches hinein und hat Mühe, sich zu überzeugen, daß es kein den geheimnißvollen Gewässern der Lagune entstiegenes verzaubertes Geisterschiff sei und daß die Menschen darauf wirkliche Menschen sind. Ja es sind Menschen, es sind Künstler, Musiker, Sänger, die da auf dem Koloß dahinfahren, ihre Lieder, die „Garibaldi-Hymne" u. d. m. in die Nacht hinaus ertönen lassen und immer zu Ende eines Liedes in ein großes Evviva-Geschrei ausbrechen. Ja, es sind Menschen, denn Geister, und auch nicht die der Lagunen, würden ja nicht mit hellem Freudenschrei den Re galantuomo und die unita Italia und Garibaldi hoch leben lassen. Und jetzt kommen noch andere, im Effect freilich jenem Krystallpalast nicht im Entferntesten gleichende, aber doch immer wunderbar effektvolle Gondeln im Gefolge angeschwommen, die der Fürsten Papodopoli, Giovanelli und anderer Nobili von Venedig, die des Municipiums, der Kaufmannschaft, der Delegationen u. s. w. Reizend nehmen sich in diesem Barkengewimmel die von phantastisch costümirten Gondolieri geruderten rothen und blauen Kioske mit großen wallenden Vorhängen, von bunten Lampen bekränzt, innerhalb von zahllosen Kerzen erleuchtet, aus. Da huscht auch ein weiß=blauer Baldachin, von phantastischen Flämmchen umgaukelt, vorüber; unter dem Baldachin liegen, betrachtend hingestreckt auf weichen Polstern, zwei Venetianerinnen, die jüngere mit dunklen berauschten Augen, wie eine verwunschene Prinzessin in das Lichtermärchen des Canal Grande hineinstarrend. Denkt die Schöne an den Geliebten, oder denkt sie an das Vaterland? Und da das fliegende, rothe Zelt, mit den großen grün=weiß=rothen Leuchtballons und den blau=weiß=kostümirten Ruderern, die mit gleicher, harmonischer Armbewegung das Wasser theilen; und da — das große Schiff mit dem in der Mitte aufgepflanzten Riesen=Candelaber, der Hunderte von Flämmchen trägt, das Schiff des Musikcorps der Guardia nazionale, und da wieder die königlichen Marine=boote, an deren Schiffstauen und Segeln entlang sich tau=sende farbiger Lämpchen hinaufziehen und deren Matrosen auch noch, Licht auf Licht häufend, aus großen Pflöcken bengalische Feuer über den ganzen Canal hin ausgießen; und dort . . . . . . Lassen wir das Aufzählen, der Zug hält still und die Musik spielt die italienische Nationalhymne. Ein Gebrause von Vivas zieht sich den Canal entlang. Frau Musica reißt in Lust und Freude Alles mit sich fort. Und dann zieht sich das mächtige Geschwader, den Lichter=palast immer in seiner Mitte haltend, weiter durch die Brücke des Rialto, und noch zwei Haltstationen machend, bis nach San Geremia hin. An vier Stunden dauerte der großartige Barkenkorso mit Musik und Gesang von der Piazzetta bis zu San Geremia. Der Geist des alten Venedigs schwebte über den Wassern des Canal Grande.

XI.
Ein Ball bei der Gräfin Papodopoli.

(Der Brillantring aus der Schlußkette der Königsfeste. — Die alte venetianische Aristokratie. — Die Familie Papodopoli-Albobrandini. — Ein fürstliches Fest. — Der Palazzo dei Tolentini. — Pracht und Geschmack. — Der Spiegelluxus der Benetianer. — Künstlerische Verwerthung von Licht und Farbe. — Eine Feerie. — Der Garten des Tasso. — Gäste. — Poeten. — Deutsche und italienische Aristokratie. — Allerlei Intelligenzen. — Die fürstliche Wirthin. — Alte Erinnerungen. — Die Diplomaten auf dem Balle. — Lord Elliot und Lord Byron. — Graf Malaret und Freiherr von Usedom. — Russische, türkische und mexikanische Botschafter. — Das „Welt-Concert". — Der König. — A rivederci a Roma! — Hoffnungen auf das Schlußfest italienischer Einigkeit. — Prinz Amadeus als Tänzer. — Ein glückliches Volk.)

14. November.

All die Herrlichkeiten der verflossenen sechs Festnächte würdig abzuschließen — wahrlich ein schwieriges Werk! — mußte man der venetianischen Aristokratie überlassen. Das Bürgerthum hatte mit großem Geldaufwande diese Tage hindurch ein Füllhorn von Freudenfesten über seinen König ausgeschüttet, darunter so brillante Spezialitäten, wie die poetische Serenade und die Beleuchtung von San Marco — den Schlußstein sollte die Aristokratie legen. Und diese selbst brannte vor Begier, sich zeigen zu können. Kommen ja jetzt wieder die Tage ihres Glanzes, und sie kann aus dem Schmollwinkel, in dem sie durch die Jahre des letzten Regimes versteckt gelegen, nun heraus mit allem Pomp der alten Tradition treten. Kann schon die einstige politische Herrschaft in Venedig nicht wieder ihr gehören, so gehört ihr doch wieder die oberste Führerschaft in der Gesellschaft. Die Gräfin Papodopoli-Aldobrandini rechnete es sich zur höchsten Ehre an, ein der Stadt Venedigs würdiges Schlußfest geben zu können. Das steht fest: Der Ball in der Casa Papodopoli verdient jenes Prädikat, das so oft und unwürdig verschleudert wird, das Prädikat „fürstlich." Wie wenig Begriff hat man doch bei uns zu Hause von dem, was diese venetianische Aristokratie vermag! Woher sollte man ihn auch haben? Diese Aristokratie hat durch die letzten Dezennien der österreichischen Herrschaft kein Lebenszeichen von sich gegeben. Entweder sie ließ ihre Paläste verödet stehen und war selbst außer Landes gezogen, oder sie zog sich mit größter Strenge in Venedig auf sich selbst zurück und blieb von jeder Berührung mit den zeitweiligen offiziellen und offiziösen Freuden Venedigs frei. Jetzt thut sie auf einmal wieder ihre großen Schmuckkästen, ihre Paläste auf, und staunend steht das Auge vor dieser Fülle alter und moderner Herrlichkeiten, vor so viel classischem Geschmack und modernster Eleganz. Der Palazzo Papodopoli (dei Tolentini) ist wohl einer der Herrlichsten der alt-aristokratischen venetianischen Paläste. Er ist durch die Hand, oder

sagen wir lieber durch das Geld der Papodopoli erst vor
kurzem wieder in allen seinen Theilen restaurirt worden.
Die Papodopoli sind in der angenehmen Lage, über ihre
großen Reichthümer streiten lassen zu können. Die Einen
schätzen sie noch um einige Millionen höher, als den Fürsten
Giovanelli, die Anderen lassen den Millionen des Giovanelli
den Vorrang, im Ganzen handelt es sich bloß um lumpige
zehn Millionen mehr oder weniger. Ich glaube, es ist auch
nicht übel, wie die Papodopoli, im Rufe von nur — zwan=
zig Millionen zu stehen. Der verstorbene alte Herr Papo=
dopoli stammt eigentlich aus Griechenland und heirathete eine
Tochter des schwesterlich classischen Bodens, die Florentinerin
Aldobrandini. Das Haus der Gräfin Wittwe und ihrer
beiden Söhne that sich nun gestern Nacht gastlich auf. Die
Façade prangte in strahlendem Lichterglanz, aus den hohen
Fenstern blinkte die Fröhlichkeit und freudige Stimmung bis
auf die Straße hinaus. Steigen wir die hohe, stolz sich
erhebende Freitreppe hinauf. Ich brauche wahrlich nicht erst
zu versichern, daß sie aus blendendem Marmor ist. Wo
fände man ihn nicht, diesen herrlichen Stein, in den Palästen
Venedigs! Eine Flucht prächtiger Säle thut sich nun vor
uns auf, alle so hoch, so majestätisch anstrebend, wie das
bei alt=italienischen Palästen zumeist angetroffen wird. Die
auf Säulen ruhenden besonders sind ein wahres Labsal für's
Auge, das sich an der modernen Salonschablone sattgesehen.
Wie reichen sich da classischer Geschmack und modernes
Einrichtungs=Raffinement die Hand! Wie stolz und fein ist
da jegliche Decoration gerathen, die der Wände, die ent=
weder in kostbarem Steinmaterial erglänzen, oder auch
ganze Tapetenwunder offenbaren, die des Meublements,

das die weichsten, modernsten Lehnsessel und wiederum die von alter, kunstvoller Holzarbeit strotzenden hohen Stühle zeigt! Und erst der Spiegelreichthum! Wer einmal eine Wanderung in den Palästen des Canal Grande angetreten hat, wer die Paläste der Mocenigo, Berry (ehemals der Palazzo der Königin von Cypern gewesen, neustens von den vertriebenen französischen Bourbonen angekauft) Sina, Taglioni, Treves gesehen, der kennt venetianischen Spiegelluxus. Ist doch die Spiegelmenge der Fenice bis zur raffinirtesten Höhe ausgebeutet. Der Spiegelluxus im Palazzo Papodopoli soll sogar durch den, der im Palazzo Reale herrscht, wie Eingeweihte behaupten, nicht verdunkelt werden. Sie sind ein überaus pompöser Anblick, diese Spiegelriesen der Salons der Papodopoli, sie zwingen einen ordentlich, eitel zu werden, wenn man auch nicht die geringste Anlage dazu hätte.

Ein weiterer Glanzpunkt ist die Beleuchtung. Darin sind die Benetianer geradezu erfinderisch, möchte ich behaupten. Die Zusammenstellung von Lichteffekten betreiben sie mit einem erstaunlich feinen Gefühl für die Schönheiten der Farbe, draußen auf der Straße eben so, wie im Salon, wie das Haus Papodopoli beweist. Man kam doch eben von der Serenata am Canal Grande, wo man all die herrlichen Zauberspiele von Licht und Farbe mitansah, und doch war der Beleuchtungseffekt bei dem Feste im Hause Papodopoli seiner großen Wirkung so sicher, als wären die Gäste eben aus einem der finsteren Winkelgäßchen Benedigs direct in die Säle getreten. Es wird eben in dem schönen Benedig künstlerisch mit dem Lichte gewirthschaftet. Man produzirt es in allen Abstufungen des Effektes, aber immer in größter Harmonie mit den vorhandenen Farben und immer in schöner Form.

Diese Säle, eingesponnen in unzählige Lichtfäden boten wirklich den Eindruck des Feenhaften. Da wo sich der weite Tanzsaal zu einem der herrlichsten Gärten, die man nur kunstvoll arrangiren kann, fortsetzte, war der Eindruck noch überwältigender, man glaubte, mitten in eine der brillantesten Schlußdekorationen irgend einer Pariser Feerie eingetreten zu sein. Wie verwandelt stand man beim Eintritt in diesen Zaubergarten von Salon still, gefesselt von all dem verbreiteten Lichterglanze, der Ueppigkeit der Farben, der Anmuth der Formen in Allem, was da von Blumen, Gesträucher, Statuen, Statuetten, Büsten u. s. w. gruppirt war. Ich glaube nicht, daß Tasso am Hofe seines italienischen Mäcenas in solch einem Garten gewandelt, ohne daß ich deshalb erst etwa die Decorationen, die unsere deutschen Theater von jenem Garten geben, zur Zeugenschaft rufen möchte.

Die Tassos sind nicht mehr, der Gärten aber wären für sie genug vorhanden. Sind es auch keine Tassos, so sind es doch andere Dichter gewesen, die in jener Nacht im Hause Papodopoli in dem feenhaften Gartensalon umherwandelten. Man sagt mir wenigstens, der Dichter Prati und der Mann, der den Italienern unsern Schiller in ihrer Sprache wiedergegeben, Maffei, wären dagewesen. Die venetianische Aristokratie hält es bei solchen festlichen Gelegenheiten etwas anders, als z. B. die Wiener oder Berliner Aristokratie, die ihre glänzenden Häuser der Literatur und Kunst verschließt (wenn sie sich nicht ausnahmsweise einmal einen beliebten Komiker einladet, der ihr Späße vormachen muß), auf daß ja kein — Geist über ihre Schwelle komme. Die venetianische Aristokratie schmückt sich bei Festen, die sie im Namen und zu Ehren der Nation gleichsam giebt, gerne mit Allem, was der Nation geistig zum Schmuck dient. Das Haus Papodopoli vergaß auch der vielen interessanten Fremden nicht, die derzeit in Venedig waren. Die Gesellschaft bot ein höchst mannigfaltiges, farbenreiches Bild. Aristokraten aus aller Herren Länder, desgleichen Diplomaten, Celebritäten des italienischen Staates, Minister, Deputirte, Senatoren, hervorragende Bürger Venedigs und der neuen Provinzen, Künstler, Gelehrte, Schriftsteller im interessanten Durcheinander. Ueber Alles sehenswerth erschienen wieder die venetianischen Frauenschönheiten, deren ein ziemlich starker Congreß auf dem Balle Papodopoli versammelt war. Das waren auch gar merkwürdige feenhafte Lichter, die der sonstigen Beleuchtung des „äußeren Schauplatzes" gewaltige Concurrenz machten, eine lange Serie von classischer Formschönheit, Anmuth, jugendlichem Liebreiz und feuersprühendem Leben. Die Glanzpunkte des Fenice-Publikums wiederholten sich da wieder. Die hervorragendsten Schönheiten, die ich in einem früheren Abschnitte namhaft gemacht, waren auch hier wieder, nur noch gehoben durch die große Balltoilette, die ja noch mehr Pointirung weiblicher Reize zuläßt. Es war ein seltsames Aufgebot von Schönheit, Anmuth und Schmuckpracht, ein Wetteifer von Natur und Kunst beide mit auserlesenen Mitteln arbeitend. Ein Muster von der Grazie und Zuvorkommenheit einer italienischen, hofhaltenden Dame war die Herrin des Hauses, Gräfin Papodopoli-Aldobrandini. Sie rief in jedem das schöne Bild der Glanzseiten des alten Venedig wach, wo die Dogeressa bei großen Festen der Republik im Palazzo ducale ihre aristokratischen Gäste mit allem Pomp, der der ersten Dame der mächtigen Republik zukam, empfing. Ihre Söhne, die jungen Grafen, waren nicht minder eifrig im liebenswürdigen Empfang der vielen Gäste, die da geströmt kamen und die alle das Fest im Hause Papodopoli noch lange im Angedenken tragen werden. Zunächst den schönen Frauen ist es Verpflichtung, immer die Diplomaten zu nennen. Sie waren reichlich da, diese Herren, mit dem ewig verbindlichen Lächeln auf den Lippen und den Ordenszeichen auf der Brust. Dergleichen hat man bei alten Festen der Republik freilich noch nicht gesehen, und es war kein Unglück, daß man damals noch nicht so weit war. Als das alte Venedig die Gesandten der Mächte bei sich sah, da hatten diese Mächte einen ganz anderen Respekt vor der Dogenstadt, als sie wohl heute vor dem Venedig Viktor Emanuels haben können. Tempi passati — und ich glaube nicht, daß die großen Herren, die sich da eben auf dem besten Fuße mit den schönen Venetianerinnen setzen, viel an jene Zeiten denken. Lord Elliot, der englische Gesandte in Florenz, ist im tiefsten Gespräche mit der Fürstin Giovanelli, der er gewiß von Venedig vorschwärmt. Ich fürchte, er kommt zu spät mit dieser Schwärmerei, der Herr Gesandte, es hat schon ein Landsmann von ihm — und auch ein Lord — früher das Lob Venedigs gesungen, und alle Welt kennt dessen poetische Schwärmereien, denn es war Lord Byron. Da ist auch der Gesandte Frankreichs, Baron Malaret. Er sieht so zufrieden und selbstbewußt drein und scheint mit einem gewissen Stolz sagen zu wollen: „Wir sind die Schmiede des nationalen Glücks, Venetianer, das Ihr da feiert, wir haben Venedig geschenkt bekommen, und wir haben es an Euch weitergeschenkt!" Er möge diese Gedanken nur ja nicht jenem starken, großen Mann, der unweit von ihm steht, äußern; der Mann ist Freiherr von Usedom, preußischer Gesandter in Florenz, und könnte ihm dann leicht auseinander setzen, wem Venedig sein heutiges Glück zu danken hat. Auch Herr von Kisseleff, Rußlands, Graf Hompesch, Baierns Gesandter, Rustem Bah, der Türke, Peon de Regil, der Mexikaner und Master Marsch, der Amerikaner, sind auch da; man sieht bis auf Oesterreich, das nicht viel Grund hat, hier vertreten zu sein, das diplomatische Welt-Concert so ziemlich vollständig. Aber ein Glück, daß die anwesenden Damen nach anderer Musik tanzen, als nach dieser, sonst kämen sie bald aus allem Takt. —

Nehmen die Leser nun all die Herrlichkeiten zusammen und Sie werden mit mir sagen, der Ball bei Papodopoli war das, was er sein sollte, der letzte Brillantring an der großen Kette der Königsfeste der schönen Venezia.

Der König erschien um Mitternacht in Gesellschaft der Prinzen Amadeus und Humbert, verweilte aber nicht so lange, als diese seine Söhne, von denen Prinz Amadeus den Eindruck eines leidenschaftlichen Tänzers macht, eines Tänzers, der mit dem letzten Tanz steht und fällt.

Interessant, versichert man mir, wäre die Begegnung des Königs mit einigen Herren der römischen Deputation (aristokratische Emigranten, die die trauernde Fahne der Siebenhügelstadt zum Einzug hierher gebracht) gewesen. Mit Einem von ihnen unterhielt sich der König sehr angelegentlich, und als er den auf's tiefste und innigste erregten Patrioten huldvollſt entließ, ſoll er ihm die Hand gegeben und ihm zugerufen, unter Thränen zugerufen haben: „A rivederci a Roma!" (Auf Wiederſehen in Rom!) Das „A rivederci a Roma!" rufen ſich übrigens all die italieniſchen Patrioten zu, die hier in den Feſttagen Venetiens zuſammengeſtrömt ſind und nun wieder auseinander ſtieben voll der ſchönſten und erhebendſten Eindrücke der ſchönen Tage der „bella Venezia". Sie alle ſind der ſchönſten Hoffnung, bald zu dem Schlußfeſte italieniſcher Einigkeit in Rom zuſammenſtrömen und auf dem Capitol die Krönung des ſo lange erſehnten Werkes vornehmen zu können. Glückliches Volk, das ſo ſchöner und auch ſicherer Hoffnungen leben kann, dreimal glückliches Land, mit dem das Glück in ſo hohem Grade iſt!

―――

Heute Morgen 6 Uhr hat der König ſeine Reiſe in die venetianiſchen Provinzen angetreten. Trotz der frühen Morgenſtunde — der Venetianer liebt das zeitige Aufſtehen nicht — waren Marcusplatz und Piazzetta menſchenerfüllt, und ein großer Theil der Huldiger hatte ſich gar auf den Bahnhof begeben. Als die königliche Gondel, die nun für längere Zeit wieder leer ſtehen wird, über den Canal Grande glitt, begegnete ſie auch menſchenbedeckten Ufern, beſetzten Fenſtern. Des Evviva=Rufens war, wie üblich, kein Ende; vom Palazzo Reale pflanzte es ſich mit mächtigem Getöſe fort über die Piazzetta, fort über den Canal bis an die Station. Kanonenſchüſſe kündeten, in den frühen Tag hineindonnernd, die Abfahrt der Locomotive, die dem ſchönen Venedig ihren „Mann des Tages" entführte, an. Sieben

Tage des schönsten Festrausches sind vorüber, ebenso viele schöne Erinnerungen, nicht nur für den Italiener, sondern auch für jeglichen Fremden, der sie mit durchgenossen. Gibt es denn etwas Schöneres, als ein Volk glücklich zu wissen und es sich dieses neuen Glückes in vollen, großen Zügen freuen zu sehen? In der politischen Welt von heute ist das Schauspiel kein so häufiges, um nicht auch das Auge des unbetheiligten Fremden erglänzen zu machen. Giebt es ihm ja überdieß noch die Gewißheit, (wenn er, wie wir Deutsche, leider deren bedarf) daß auch für seine Nation der Tag solchen Glückes einst kommen muß!

XII.

Venetianisches Volk.

(Die Armen und Elenden von Venedig. — Liebenswürdige Bettlergestalten. — Neapolitanische, römische und venetianische Bettler. — Die Jungens vom Marcusplatze. — Allerlei Formen. — Grazie und Komik der Straßenjugend. — Leichtsinn. — Der Corso des Pöbels. — Ein denkwürdiger „Wurstl". — Das Hazardspiel auf der Riva. — Altvenetianische Traditionen. — Allerlei Spieltische auf der Riva.)

Von den Reichen noch einmal zu den Armen von Venedig! Ich glaube nicht, daß es irgendwo eine liebenswürdigere Plebs giebt, als hier. Die öffentlichen Schauspiele haben mich doch oft genug mit ihr zusammengeführt. Wie oft bin ich in diesen Tagen mitten in großen Horden zerlumpter Männer, schwachbekleideter Frauen und barfüßiger

Jungens gestanden und habe die Anmuth dieser Armen und
Elenden von Venedig bewundern müssen! Wie trefflich ge=
launt waren sie, diese Leute, unter denen ein Mureto,
die schönsten Bettlergestalten finden würde. Alle Armuth,
alles Elend, das doch eigentlich mit zur Poesie Venedigs
gehört, vermag jene Menschen nicht herabzudrücken zu jenem
lästigen, unschönen, abscheuerregenden Gesindel der Groß=
und Weltstädte; alle Noth und Kümmerniß vermag in
ihnen nicht Adel, Anmuth und Humor des echten Venetianer=
Kindes zu tödten. Was sind die Lazzaroni in Neapel, was
die Bettlergestalten der Romagna für triste, zudringliche,
rohe Gestalten, alle den Terrorismus des Elends zur
Schau tragend! Du hast, lieber Leser, diesen Leuten gegen=
über immer das Gefühl, als drohte Dir brutale Gewalt,
so Du ihre oft unverschämten Wünsche nicht befriedigen solltest.
Wie anders steht Dir der Arme Venedigs gegenüber! Er
wird vor Allen in den seltensten Fällen mit der nackten
Bettelei beginnen, er wird Dir irgend seine guten Dienste
antragen. Morgens fragt er Dich, so Du aus Deiner Woh=
nung auf den Marcusplatz kommst, fein artig, ob Du eine
Barke begehrst, er bringt Dich zu jenem flinken Gondoliere,
der seine Protektion genießt. Bist Du zufällig selbst auf
die Piazzetta gelangt und besteigst ohne seine Prokuration
eine Gondel, wird er, sobald Du Dich in dem schwarzen
Schiffhäuschen niedergelassen, die Gondel vom Ufer los=
machen und mit einem kräftigen Fußstoß in die Wasser der
Lagunen hinausstoßen, nicht ohne noch rasch sein Käppchen
zu ziehen und Dich mit einem freundlichen Lächeln erinnern,
daß Du eigentlich einen Bettler von Venedig vor Dir stehen
hast, der einige Soldi sehr gut brauchen könnte. Unter

allen möglichen Gestalten versucht sich Dir die Armuth in Venedig verständlich zu machen, ehe sie die Hände bittend vor Dir hinstreckt. Der Junge, der Dir Vormittags unter den Prokuratien Schildkröten anbringen will, wird, wenn Du ihm keine abkaufen willst, Dich vielleicht um einen Soldi bitten, dabei durchaus kein miserabel=demüthiges Gesicht schneiden, sondern in humoristischer, guter Stimmung sein Gesuch vorbringen, und so Du es nicht bald erledigst, in eben solcher Stimmung wieder seine Entlassung nehmen. Eine Stunde später begegnet er Dir doch wieder (das weiß er ja, daß Du ihm für den ganzen Tag nicht entgehen kannst), diesmal aber nicht mit Schildkröten, sondern mit Zündhölzchen, „fulminanti italiani" „fulminanti Garibaldi", oder wie er sie sonst noch nach Belieben augenblicklich zu taufen pflegt. Er lacht Dich so possirlich an, daß Du ihm kaum wiederstehst, er zwicket so komisch mit dem Auge, daß Du Dich nicht lange besinnst, und wärst Du auch gar kein Raucher, ihm ein Päckchen dieser fulminanti abzunehmen. Nachmittag siehst Du den Jungen schon wieder in einem anderen Geschäfte. Jetzt trägt er Dir candirte Früchte, in Zucker gesottenes Obst, „Caramel", auf zierlichen Hölzchen befestigt, auf und Abends wieder umflattert er Dich mit literarischen Erzeugnissen des Tages, mit Zeitungen. Erst ein schlechter Gang all dieser Geschäfte wird ihn bewegen, Dich um Geld direkt anzugehen. Der arme Junge kann sein illustrirtes Journal nicht an den Mann bringen, da muß, so schwer es ihm wird, denn doch die Bettelei daran. Giebst Du ihm kein Geld, so wird er Versuche machen, das letzte Ende der „Virginia" oder „Cavour," die Du im Munde hast, Dir abzuschmeicheln, und das muß er pfiffig thun, denn bei jeder Cigarre, die ihrem Ende entgegengeht, stehen fünf, sechs Concurrenten seinesgleichen, die das letzte Endchen gerne erhaschen möchten. Mitunter sind diese armen Jungens auch mit noch weniger zufrieden. Wenn sich so einer von ihnen die nackten Füße auf dem Marcusplatze tüchtig abgelaufen und in der Hitze des Tages die Kehle trocken bekommen hat, dann tritt er vor den ersten besten Gast eines Café's unter den alten oder neuen Prokuratien hin und bittet ihn — aus seinem Wasserglase trinken zu dürfen. In all dem drückt sich so viel muntere Naivetät, so viel harmloser Humor aus, daß man dem Burschen gar nicht bös werden kann. Diese Jungens sind geborne Harlekine, Policinelle wie sie leiben und leben. Die urwüchsigsten, komischesten Talente gehen in den Bettlern von Venedig zu Grunde. Man muß sehen, wie solch ein Kerl, wenn er seinen Soldi hat, Purzelbäume schlägt und in die lachenerregendsten, komischesten Geberden ausbricht, um die ganze Heiterkeit und Anmuth, mit der diese Armen ihr Gewerbe ausstatten, beurtheilen zu können. Ich erinnere mich immer unter herzlichem Lachen der komischen Scene, wie Beppo — grade ein solcher komischer Heiliger, wie sie alle sind, die Armen vom Marcusplatz — als ich ihm einmal spät Nachts sein letztes Zeitungsblatt, das er noch in der Hand hatte, abnahm, zum Dank dafür vor der Frau eines Freundes, die beide mit mir am Tische waren, in die größte Liebesverzückung gerieth und Huldigungen von zwerchfellerschütternder Komik vorbrachte. Wie lachten wir und alle Umsitzenden unter Thränen über den burlesken Jungen, der so manche unsrer deutschen öffentlichen Lustigmacher eben so an Laune, überwältigender Lust und Grazie übertrifft, als sie ihn an Gage und Spielhonorar und — Garderobe. Nur Eines ist bei diesen Menschen noch größer, als ihr Humor, und das ist ihr — Leichtsinn. Gehen wir auf die Riva bei Schiavone und wir erhalten merkwürdige Pröbchen dieses Leichtsinnes. Die Riva bei Schiavone ist der Corso des venetianischen Volkes, wie der Marcusplatz der der besseren Stände ist. Da schlendert jung und alt, groß und klein, die ihre Sache auf nichts, oder bloß auf die Gelder anderer Leute gestellt haben, gemüthlich umher, sein dolce far niente feiernd. Das Auge schweift weit hinaus über die Lagunen, dem Lido und der blauen Adria zu, des mächtigen heimathlichen Meeres sich erfreuend. Und stolzer schaut auch nicht das Auge des Nobili da hinüber längst der Inseln, die das Schwesterband an Venedig knüpft. Die Hand ruht gemächlich in der zerrissenen Hose, der Cigarrenstummel, der aus der Hand eines vorübergehenden forestiere erschmeichelt wurde, ist bereits zwischen den Lippen placirt, und nun kann das Faullenzen losgehen. Zerstreuungen hat die Riva für dieses Volk in Hülle und Fülle, in den Tagen der Königsfeste bot sie ein solennes Jahrmarktsbild im alt=italienischen Stile. Da macht ein Bajazzo und seine häßliche „Schöne" ihre Possen, und ein großer Kreis dieser Armen von Venedig drängt sich an sie heran und läßt sich weiblich amüsiren, sich und sein Elend vergessend. Da wieder hat ein Krippen=Theater seine Scene aufgeschlagen und produzirt seine Haupt= und Staatsaktionen auf Draht. Diese italienischen Krippenspiele sind schon deshalb merkwürdig, weil bei ihnen — kein Jude todtgeschlagen wird. Der italienische „Wurstl" kennt die traditionelle Judenhetze nicht und der venetianische hier auf der Riva begnügt sich mit dem Prügeln eines österrei=

chischen Soldaten, der auch auf diesem Terrain zum politischen Sündenbock nationaler Antipathie sich hergeben muß. Daß der „Wurstl", der die Exekution mit Hintansetzung aller historischen Erinnerungen aus dem letzten Feldzug vornimmt, eine Garibaldi-Mütze auf dem Kopf hat, versteht sich fast von selbst. Dort wieder gestikulirt und kreischt ein Quacksalber, so recht ein Typus der altitalienischen Komödien, eine Schaar anderer zerlumpter Bursche an, theilt Wunderwässer, Haarfärbemittel, Frostbeulsalben und auch Liebestränkchen unter einer ohrsträubenden Eloquenz an die Menge aus und nimmt ihnen die paar Soldi, in deren Besitz sie sind, gemüthlich ab. Das Alles aber wären erlaubte Spekulationen auf die erarbeiteten, oder erbettelten Soldi der armen Leute. In hohem Grade aber überraschten mich die mancherlei unerlaubten Speculationen. Sah ich doch Spieltische öffentlich auf der Riva aufgestellt. Ich glaube nicht, daß das österreichische Regime desgleichen in Venedig geduldet, weiß mich auch aus früherem venetianischen Aufenthalt durchaus nicht zu entsinnen, jemals öffentlichen Hazardspielen auf der Straße begegnet zu sein. Sollte das nationale Regiment das Hazardspiel in den Straßen Venedigs dulden wollen, oder drückte man bloß während der Festwoche ein Auge zu! Freilich die historische Tradition hätte diese Billigung des öffentlichen Hazardspieles in Venedig schon für sich. In der besten Zeit der alten Republik ward bei öffentlichen großen Festen, kirchlichen und weltlichen, in Venedigs Straßen das Hazardspiel geduldet. Die Aristokratie, die allen Launen des Volkes, wenn sie nur nicht politischer Natur waren und ihrer unmäßigen Herrschsucht nicht nahe traten, zu schmeicheln wußte, hatte auch gegen diese Laun nichts und ließ das Volk sein Geld an den Straßen-Spieltischen Venedigs ruhig verlieren. Seinen größten Culminationspunkt soll dieser Unfug im 17. und 18. Jahrhundert erreicht haben. Zu Dutzenden standen da die Spieltische auf der Riva bei Schiavone, und groß und klein im Volke versuchte sein Glück im „Pharao". Nicht besser machte es die gute Gesellschaft des damaligen Venedigs, die sich in öffentlichen Spielhöllen, an deren Spitze in der Regel schöne, verführerische Frauen standen, ruinirte. Es war, wie die alten Geschichtsbücher erzählen, ein fast wahnsinniges Treiben, dem die Dogen und der Senat ruhig zusahen. Die Republik und der alte Glanz und Reichthum Venedigs sind heute alle dahin, aber die Spieltische stehen wieder auf der Riva. Ich sah beispielsweise eine Art antiquirten Rouletts öffentlich etablirt. Auf einem großen Pappendeckel waren die Zahlen von eins bis zwölf groß und dem Auge Fernestehender noch sichtbar gezeichnet. Dahin flogen nun die Soldi (Kreuzer) von allen Seiten des den kleinen Tisch umstehenden Volkskreises. Der schäbige italienische Bankhalter warf dann die Kugel in das kreisende Rad und zahlte für die gewinnende Nummer den fünffachen Einsatz. Man mußte die erhitzten Gesichter, die heraustretenden Augen des spielenden Proletariats gesehen haben, das da seine letzten paar Soldi verlor. Einer lachte bei jedem Gange, und eilf Andere, Männer und Frauen, halb und ganz erwachsene Burschen und Mägde fluchten. Es war ein empörendes Schauspiel, weil man da, zum Unterschied von unseren deutschen Spielhöllen, die nackte Armuth den verwogenen Gang mit dem Dämon des Spiels machen sah. Und dies frevelhafte Treiben beschien auch noch die liebe Sonne! Auf einem andern

Spieltifche ging es etwas folider her, da war kein Geld, da waren allerlei Kleinigkeiten, Galanteriewaaren, Seife, Portemonnaies, Kämme, Cigarrentafchen u. f. w. zu gewinnen. Man legte seine Soldistücke an jene Stelle des Tisches, wo das, was man gerne gewinnen möchte, lag; wenn Alles besetzt war, setzte der Herr des Spieles einen langen, den Tisch umkreifenden eifernen Zeiger in Schwung, und wo der Zeiger nach beendigtem Kreislaufe hielt, da gehörte die dafelbft liegende kleine Waare, was sie auch immer sein mochte, Demjenigen, der sein Geld da hingesetzt. Alle diese Tische waren dicht belagert, und ich sah so manchen Burschen, der auf diese oder jene Weise zu einigen Soldi gekommen, sie alle bis auf den letzten wiederum dafelbst verlieren und knirfchend davongehen. Wohin er dann ging? Auf den Marcusplatz, um einigen Forestieris mit aller Liebenswürdigkeit wieder einige Kreuzer abzuschwatzen. Und Venedig hat immer so viele Fremde, um das ganze Proletariat und die Maffe jugendlicher Tagediebe ernähren zu können.

Berlin, Druck von W. Büxenstein.

Von den

„Eisenbahn-Unterhaltungen"

sind bisher folgende Bände erschienen:

Band 1. Der Deserteur, von v. Grabowski. (2. Auflage.)
„ 2. Eine moderne Heilige, von Demselben. (2. Auflage.)
„ 3. Die Polenbraut, von R. Dehnike.
„ 4. Im rothen Krug. Eine Dorfgesch. v. J. D. H. Temme. (2. Aufl.)
„ 5. Der Wahrsager, von Carl v. Kessel.
„ 6. Ein Maskenball, von J. D. H. Temme.
„ 7. Der Diamantenhändler, von R. Dehnike.
„ 8. Fürsten und Frauen, von v. Grabowski.
„ 9. Die Freiherren von Falkenburg, von J. D. H. Temme.
„ 10. Ein Familiendrama, von v. Grabowski.
„ 11. Zwei schöne Frauen, von J. D. H. Temme. (2. Aufl.)
„ 12. Camilla. Novelle von Eugen Hermann.
„ 13. Die Rose von Puebla. Novelle von v. Grabowski.
„ 14. Pfeifenhannes. Criminalgesch. v. J. D. H. Temme. (2. Aufl.)
„ 15. Französische Geschichten. Zwei historische Novellen von v. Grabowski und Eugen Hermann.
„ 16. Der Geächtete, von Eugen Hermann.
„ 17. Erste Liebe August des Starken. Histor. Nov. v. E. Hermann.
„ 18. Die Grafen Hardeck. Erzählung von Eugen Hermann.
„ 19. Der Falkner. Novelle von Ed. Ziehen.
„ 20. Die beiden Condé. Histor. Nov. von Eugen Hermann.
„ 21. Vom grünen Tisch. Bilder, Figuren und Geschichten aus den deutschen Spielbädern von Michael Klapp.
„ 22. Die Klosterruine. (2. Auflage.)
„ 23. Der Dieb und sein Kind. (2. Auflage.)
„ 24. Die Mühle am schwarzen Moor. (3. Aufl.) ⎫
„ 25. Eine Kirchmeßnacht. (3. Auflage.)   ⎪ Criminal-
„ 26. Der tolle Graf. (3. Auflage.)   ⎬ Geschichten
„ 27. Der Festungs-Commandant. (3. Auflage.)   ⎪ von
„ 28. Damen auf Reisen. (2. Auflage.)   ⎪ J. D. H.
„ 29. Zum Tode verurtheilt.   ⎪ Temme.
„ 30. Verkuppelt!   ⎭
„ 31. Das Kloster. Novelle von Ed. Ziehen.
„ 32. Die Tochter des Staatsanwalts. Criminalgesch. v. J. Dufresne.
„ 33. Die Sonne bringt es an den Tag! Criminalg. v. Fr. Friedrich.
„ 34. Die Entsagungs-Urkunde. Histor. Nov. von M. A. Niendorf.
„ 35. Ehemänner und Ehefrauen. Photographien hinter der Gardine v. Fr. Friedrich. Mit Illustrat. v. L. Löffler. (2. Aufl.)
„ 36. Aus dem befreiten Venedig. Tagebuch aus der Zeit der Königsfeste, von Michael Klapp.
„ 37. Nemesis. Criminalgeschichte von Fr. Friedrich.

Preis jeden Bandes in eleg. illustr. Umschlag broch. **10 Sgr.**

Die Verlagshandlung von Gustav Behrend in Berlin, Charlottenstr. 27.